SHARJAH HERITAGE AREA 8
Alt und echt und teilweise noch im Restaurierungsprozess: prächtige Stadtpaläste aus Korallenkalk.
📷 *Tipp: Nimm die altarabisch gestylten Gänge, die Laternen und diversen Baudetails im tollen Hotel Al Bait auf.*

➤ S. 79, Sharjah

BURJ KHALIFA 6
Kein Gebäude der Welt ist höher – von der Aussichtsterrasse erwarten dich grandiose Blicke über Dubai, die Wüste und das Meer.
📷 *Tipp: Von den Terrassen-Cafés vor der Dubai Mall stimmt die Entfernung: Du kannst dich mit dem Turm im Hintergrund fotografieren (lassen)!*

➤ S. 65, Dubai

JEBEL JAIS FLIGHT 9
Die längste Seilrutsche der Welt: hinunter vom höchsten Berg der VAE in Ras Al-Khaimah.

➤ S. 103, Ras Al-Khaimah

THE PALM JUMEIRAH 7
Die erste und bislang einzige von Dubais künstlichen Inseln (Foto), die fertiggestellt ist. Mit einer Monorail gelangt man zum Scheitelpunkt, hier locken die Aquarien des Atlantis-Hotels.

➤ S. 66, Dubai

AL-BIDYAH MOSQUE 10
Klein und bescheiden liegt sie inmitten der Berge Fujairahs: die älteste Moschee der Emirate.
📷 *Tipp: Besucherinnen bekommen einen schwarzen Umhang gereicht, toll für ein anschließendes Selfie vor der Moschee.*

➤ S. 112, Fujairah & Ostküste

INHALT

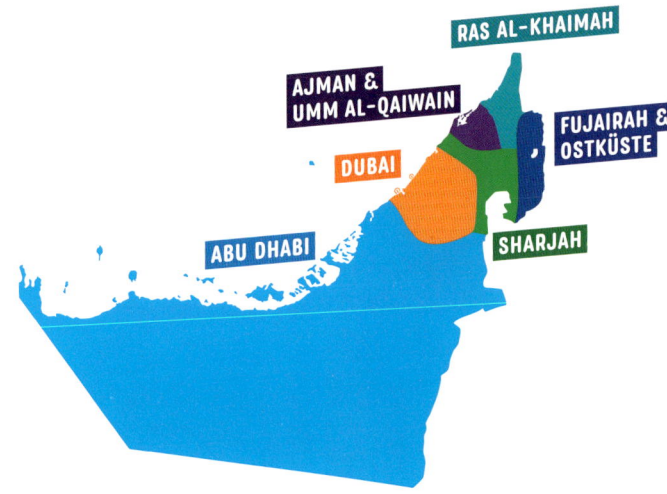

🕐   Besuch planen   🍴 Essen/Trinken

€ – €€€ Preiskategorien   👜 Shoppen

(*)   Kostenpflichtige   🍸 Ausgehen
      Telefonnummer
                             🌴 Top-Strände

(📖 A2) Herausnehmbare Faltkarte
(0) Außerhalb des Faltkartenausschnitts

BESSER PLANEN
MEHR ERLEBEN!

**Digitale Extras
go.marcopolo.de/app/vae**

MARCO POLO

DIGITALE EXTRAS

DIGITAL NOCH MEHR ERLEBEN

Schneller in Urlaubslaune kommen.

Perfekt organisiert sein – vor, während und nach dem Urlaub.

Mit der MARCO POLO Touren-App und unseren digitalen Angeboten.

Noch mehr Trendziele, Inspiration und aktuelle Infos findest du auf **marcopolo.de**

Werde Teil unserer Reise-Community und folge uns auf **Instagram** und **Facebook!**

SO EINFACH GEHT'S

1 Website besuchen

2 Die digitale Welt von MARCO POLO entdecken

3 App runterladen und ab in den Urlaub

Alle Infos zum digitalen Angebot unter **marcopolo.de/app**

DAS BESTE ZUERST

Ist das „Dune – Der Wüstenplanet"? Nein, die Wüste in Abu Dhabi!

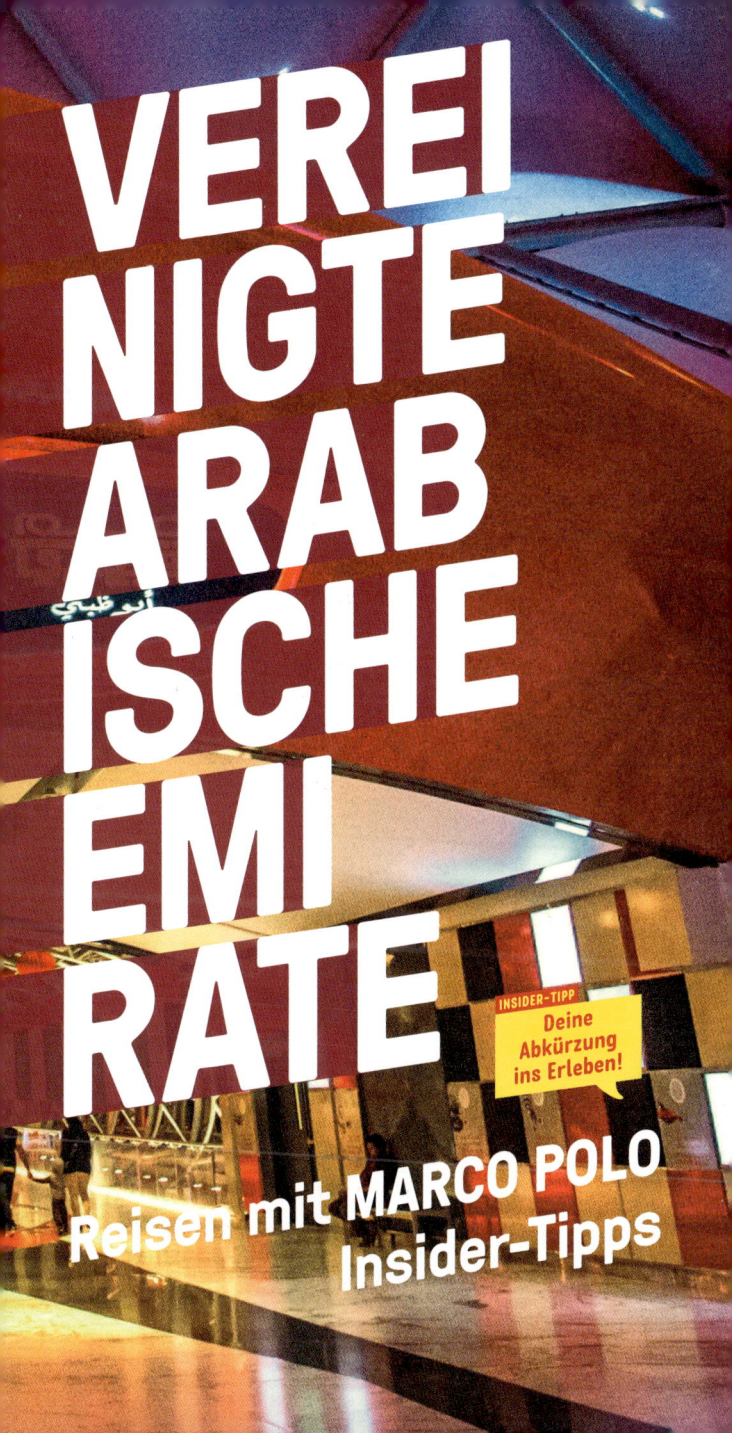

VEREI NIGTE ARAB ISCHE EMI RATE

INSIDER-TIPP
Deine Abkürzung ins Erleben!

Reisen mit MARCO POLO
Insider-Tipps

MARCO POLO
TOP-HIGHLIGHTS

SHEIKH ZAYED GRAND MOSQUE ⭐1

Abu Dhabis Moschee: ein Meer aus Kuppeln und ein riesiger Innenhof aus weißem Marmor.

➤ S. 45, Abu Dhabi

LOUVRE ABU DHABI ⭐2

Van Gogh in der Wüste: ein Museumsbau als architektonisches Wunder.
📷 *Tipp: Weiß gekleidete nationals strömen gleich gruppenweise hierher: Wenn alle vor dem weißen Bau stehen, drückst du auf den Auslöser.*

➤ S. 48, Abu Dhabi

STRÄNDE (SAADIYAT ISLAND) ⭐3

Nein, das ist nicht die Karibik! Strände so schön, dass die Daheimgebliebenen neidisch werden, erwarten dich auf der „Insel der Glückseligen", Saadiyat Island.

➤ S. 52, Abu Dhabi

LIWA-OASEN ⭐4

Sanddünen wie aus dem Bilderbuch: im Süden von Abu Dhabi liegt die legendäre Rub al-Khali, das „Leere Viertel".
📷 *Tipp: Nimm bei Sonnenaufgang das zwischen rotgold leuchtenden Dünen liegende Wüstenhotel Qasr Al-Sarab auf.*

➤ S. 53, Abu Dhabi

SIR BANI YAS ⭐5

Wildlife wie in Afrika in Abu Dhabi: eine Insel mit drei Luxushotels und bevölkert von Antilopen.

➤ S. 54, Abu Dhabi

BEST OF

BEI HITZE

SCHÖN, AUCH WENN ES HEISS IST

SHOPPING UNTERM SEGELDACH

In der *Marina Mall* (Foto) von Abu Dhabi sind nicht nur die großen, internationalen Modemarken zu finden, hier entdeckst du (im Untergeschoss) auch so manches Schnäppchen, kannst eine Kaffeepause machen oder im riesigen Carrefour-Markt Datteln shoppen.

➤ S. 51, Abu Dhabi

ZÜNFTIGE ABFAHRTEN

Warm anziehen heißt es in Dubais Indoor-Skiarena *Ski Dubai:* Hier schneit es das ganze Jahr über – die Ski- und Rodelmöglichkeiten sind deshalb ausgezeichnet. Neulinge auf den Brettern können sogar einen Skilehrer anheuern.

➤ S. 69, Dubai

GANZKÖRPER-REGENSCHIRM

Was ein *Rain Room* ist? Natürlich ein Raum, in dem es regnet, und das tut es in Sharjah so stark wie in einem richtigen indischen Monsun. Das Tolle: Sensoren schützen dich davor, nass zu werden, die Tropfen fallen sozusagen nur um dich herum: echt cool!

➤ S. 78, Sharjah

INS MUSEUM

Das *Dubai Museum* liegt im Untergeschoss des historischen Dubai Forts, dort ist es kühl und dich erwarten ins Halbdunkel getauchte Ausstellungen über das Leben am Creek in früheren Jahrhunderten sowie spannende multi-mediale Präsentationen.

➤ S. 65, Dubai

EINE DOPPELTE PORTION, BITTE

Serviert in einer Kristallschüssel mit zerstoßenem Eis: aus Kamelmilch zubereitetes Mokka-Eis oder darf es die Spezialität Pistazie sein? Im besten Eis-Café der Emirate, dem *Ice Cream Shop* in Sharjahs Altstadt, ist die Hitze willkommene Ausrede.

➤ S. 82, Sharjah

BEST OF

LOW-BUDGET

FÜR DEN KLEINEN GELDBEUTEL

FARBENPRÄCHTIGES AQUARIUM

Schwärme von farbenfrohen Südseefischen, leicht dahinschwebende Rochen: Der Blick in die Unterwasserwelt hinter der riesigen Glasscheibe des *Dubai Aquariums* in der Dubai Mall kostet keinen Dirham (Foto).

➤ S. 68, 117, 85, Dubai

MUSEUMSREIF

Bunt, inspirierend, ungewöhnlich: Im *Art Museum* von Sharjah kannst du dir Hunderte von Gemälden anschauen, gemalt von den besten Künstlern der Arabischen Halbinsel. Und das Museum selbst ist die Wucht, ein alter Palast, toll hergerichtet.

➤ S. 57, Sharjah

MY HEART WILL GO ON

Zwischen Palästen im altarabischen Stil schießen *Wasserfontänen* hoch, ein Rausch von Lichtern, Farben und Musik folgt. Ist das kitschig? Finde es selbst heraus: Such dir ein Plätzchen nahe der Dubai Mall auf der Brücke am See und erleb das Spektakel nach Einbruch der Dunkelheit.

➤ S. 65, Dubai

EINEM GESCHENKTEN GAUL …

Museen und Heritage Villages kosten, diese Zeitreise ist gratis: Auf dem *Kamelmarkt von Al-Ain* schnupperst du authentische Atmosphäre, bist hautnah dabei, wenn die Tiere ausführlich begutachtet werden. Bei Kamelen gilt das gleiche wie bei Pferden: Alter und Wert zeigt das Gebiss.

➤ S. 57, Abu Dhabi

LUXUS ZUM SCHLECKEN

Das *Al Bait Hotel* in Sharjah, traumhaft schön im orientalischen Stil hergerichtet, hat einen Außer-Haus-Eisverkauf. Köstliche, exotische Sorten warten auf dich. Anschließend machst du Sightseeing im nebenan liegenden Souk Al-Arsah.

➤ S. 82, Sharjah

BEST OF

MIT KINDERN

SPANNENDES FÜR GROSS & KLEIN

JENSEITS VON AFRIKA

Der *Zoo von Al-Ain* ist der schönste der Emirate und versetzt gekonnt in die Wildnis der Savanne. Man kann Riesenschildkröten tätscheln, auf Safari gehen oder sich bei einer Flugschau mit Geiern und einer kleinen Maus amüsieren.

➤ S. 57, Abu Dhabi

DIE WÜSTE LEBT

Im *Sharjah Desert Park* dreht sich alles um den größten Sandkasten der Welt und deren Bewohner. Ältere Kinder können im Museum Fossilien und Kristalle bewundern. Im Streichelzoo kommen die Kleinen den Wüstenhasen und Antilopen ganz nahe.

➤ S. 85, Sharjah

WADI MIT RUTSCHE

Der Name ist Programm: im *Wild Wadi Water Park* (Foto) in Dubai gibts jede Menge Spaß in einer wie von Disney entworfenen Wüsten- und Wa-di-Landschaft. Derweil genießen die Eltern den Blick aufs Meer und auf das gegenüberliegende Segel der Hotelikone Burj Al Arab.

➤ S. 69, Dubai

WIE LAWRENCE VON ARABIEN

Hier können sich Kiddies wie der legendäre britische Entdecker und Abenteurer fühlen: Ab ins *Fort von Fujairah*.

➤ S. 108, Fujairah & Ostküste

KARUSSELL MIT FERRARIS

Von der wilden Achterbahn – die schnellste der Welt – zur Gokartbahn und einem Kettenkarussell mit Modellen der italienischen Rennwagen: hier in *Ferrari World* dreht sich alles um die Kultmarke. Klar, dass auch das Essen den Kids schmeckt: Pasta und Gelato!

➤ S. 52, Abu Dhabi

BEST OF

TYPISCH

DAS ERLEBST DU NUR HIER

SIGHTSEEING VOM WASSER AUS

Von der Dubai Marina zum Creek und zu The Palm Jumeirah: mit dem *Waterbus* bist du mittendrin und genießt eine tolle Aussicht auf gewaltige Wolkenkratzer und die künstliche Insel.

➤ S. 69, Dubai

KAUFRAUSCH AUF DIE SPITZE GETRIEBEN

Vier Wochen lang locken die Malls beim jährlichen *Dubai Shopping Festival* mit gewaltigen Rabatten. Dazu ist die Metropole in Feierlaune: Feuerwerk, Modenschauen und jede Menge Events warten.

➤ S. 131, Feste & Events

DEN ORIENT AUF HÄNDEN TRAGEN

In den Emiraten trägt frau Henna-Tattoos. Die sehr orientalisch aussehenden Muster aus Pflanzenfarben halten mehrere Wochen. Du bekommst sie in einem der vielen Hennastudios, be-sonders günstig im *Ajman Abaya Souk* von Ajman.

➤ S. 90, Ajman & Umm Al-Qaiwain

BESUCH IN DER OASE

Was für eine Atmosphäre: in Abu Dhabi und an der Grenze zu Oman liegt die üppige *Oase Al-Ain:* Hier spazierst du zwischen Dattelplantagen und antiken Falaj-Kanälen, in denen das Wasser aus den Bergen sprudelt: entspannend und sehr romantisch (Foto).

➤ S. 56, Abu Dhabi

CAMPIEREN & DINIEREN

Der Weg zum Camp führt geradewegs über die Sanddünen. Erst nach Sonnenuntergang ist der Ort deines *Dinners in der Wüste* erreicht: aufgebaut ist ein Buffet im Sand, du sitzt auf Teppichen, es ertönt arabische Musik und abschließend wird eine Wasserpfeife gereicht. Ein Kamelritt gehört meist auch zum Programm.

➤ S. 69, Dubai

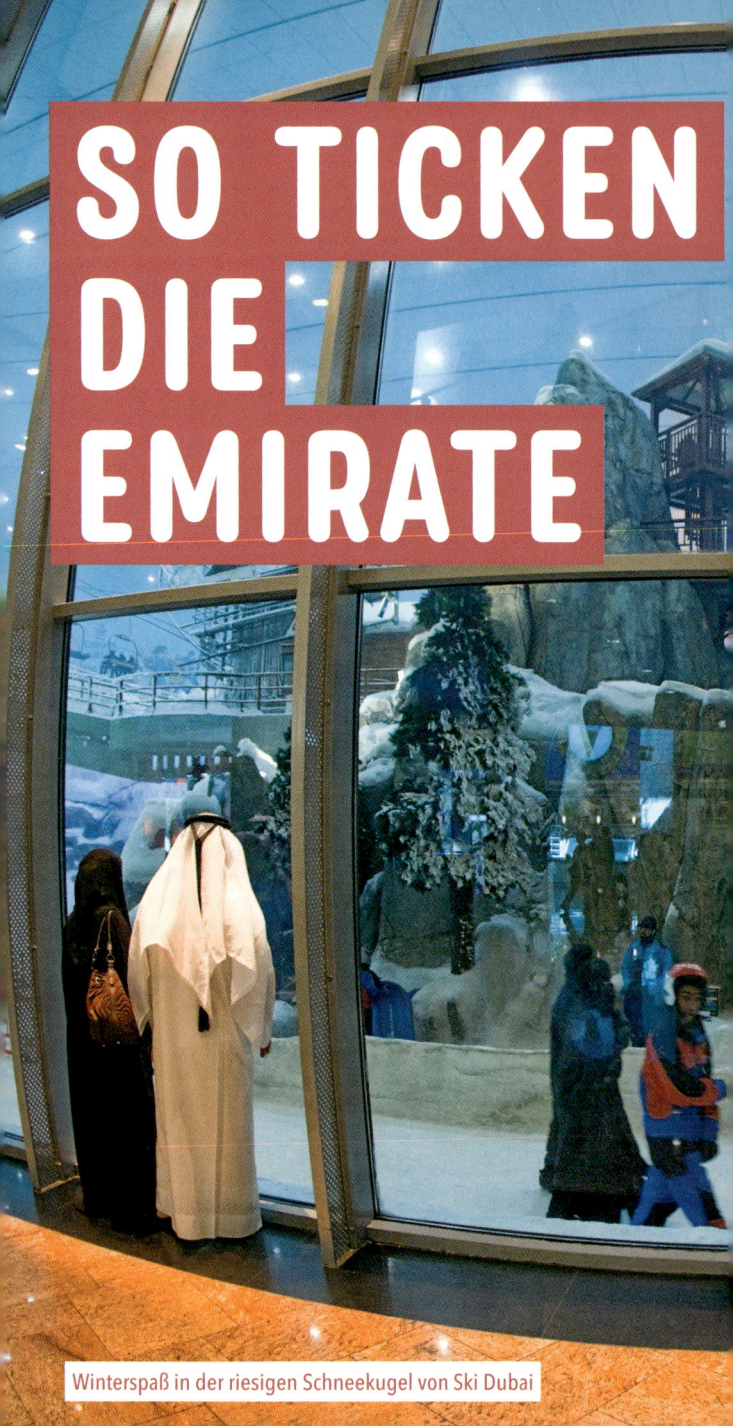

SO TICKEN DIE EMIRATE

Winterspaß in der riesigen Schneekugel von Ski Dubai

Im Lichtermeer der Wolkenkratzer an der Dubai Marina

Dubai, eine Metropole wie ein einziges Weltwunder, steht für Luxus und Superlative, Genuss, Shopping und jede Menge Action. Auch die anderen sechs Emirate bieten eine spannende Mischung aus Sehenswürdigkeiten und traditionellem Leben. Bergmassive, grandiose Wüsten, Oasendörfer und wunderschöne Sandstrände: welches Emirat wird wohl dein Liebling?

AUF SAND GEBAUT

Die in nur wenigen Jahrzehnten entstandene Weltmetropole Dubai beeindruckt mit einem Meer an Hochhäusern und Wolkenkratzern. Vom Wachstum ohne Grenzen künden die vor der Küste entstehenden künstlichen Inseln, mit Luxushotels und Ferienvillen der Superreichen. Die zweitgrößte Shoppingmall der Welt, das höchste Bauwerk der Erde, gewaltige künstliche Yachthäfen – jeder Be-

6. Jh. n. Chr.
Ras Al-Khaimah wird zum Zentrum des Perlenhandels

1507–1650
Portugal beherrscht die Küste des Persischen Golfs

18. Jh.
Beduinen siedeln an der Küste des Persischen Golfs

19. Jh.
Der Süden der VAE wird zur „Piratenküste"

1835
Großbritannien schließt Protektoratsverträge mit den Emiraten und unterbindet die Piraterie

1958
Erdölfunde in Abu Dhabi, danach in Dubai

such in Dubai zeigt neue Superlative. Umwelt- und Klimaschutz waren lange Zeit kein Thema, was sich seit ein paar Jahren wandelt. Ökoprojekte, anfangs wohl eher aus Imagegründen als aus Überzeugung initiiert, schaffen langsam so etwas wie ein Umweltbewusstsein.

Wenn du wissen willst, wie alles in dieser *global city* begann, musst du an den Creek, den durch Dubai fließenden Meeresarm. Wie seit Jahrzehnten üblich, setzt man heute noch in offenen Lastkähnen, laut und nach Diesel riechend, zum anderen Ufer über, umgeben von Indern und Pakistanis. Auf der Bur-Dubai-Seite tauchst du ein in das Gewirr von engen Gassen zwischen imposanten Handelshäusern.

ZWISCHEN LUXUS UND URSPRÜNGLICHKEIT

Wer zum ersten Mal in die VAE kommt, muss sich erst einmal auf der Karte orientieren und feststellen, wo die übrigen Scheichtümer liegen. Mit dem Auto gelangst du über vielspurige Autobahnen schnell von einer Metropole zur nächsten. Von Dubai nach Abu Dhabi sind es 140 km, ins nördlichste Emirat Ras Al-Khaimah nur 90 km. Abu Dhabi, das reichste der Emirate, punktet mit dem durch eine Brücke mit der Hauptstadt verbundenem Saadiyat Island und schneeweißen Palmenstränden. Und mit dem dortigen Louvre Abu Dhabi ist die „Insel des Glücks" auch international ein kultureller Hotspot. Weitere Attraktionen liegen gleich nebenan. Wer Rennsport mag, fährt weiter nach Yas Island, das einen legendären Formel-1-Parcours und einen gewaltigen Ferrari-Themenpark besitzt.

1970 Großbritannien verlässt die Region am Arabischen Golf

1971 Zusammenschluss der Vereinigten Arabischen Emiraten (VAE)

2006 Mohammed Bin Rashid al-Maktoum wird Ministerpräsident der VAE

2009 Finanzkrise erreicht die VAE

2020 Die Coronakrise trifft auch die VAE hart

2021/22 Mit über 24 Mio. Besuchern ist die Expo in Dubai ein voller Erfolg

Sharjah, Dubais kleiner Nachbar, hat sich in den letzten Jahren als Kulturmetropole der arabischen Welt einen Namen gemacht. Kein Emirat hat eine schönere Altstadt als Sharjah: gekonnt restaurierte traditionsreiche Paläste, hervorragende Museen und Galerien – an Sharjah führt kein Weg vorbei!

WAS DIE ZUKUNFT BRINGT

Grau-braun schimmernde Gebirge und goldgelbe Wüstendünen: Ras Al-Khaimah, das nördlichste der Emirate, oft abgekürzt als RAK, hat kaum Erdöl, dafür aber eine grandiose Natur. Kein Wunder, dass es als Ziel für Action-Urlaub punktet. Schon hat man damit begonnen, ebenfalls künstliche Inseln aufzuschütten. Auf dem neu entstandenen Al Marjan Island eröffneten zahlreiche Luxushotels, warten Yachthäfen und Shopping Malls auf die Eröffnung.

Eine Spur bescheidener nehmen sich noch die Projekte und Zukunftsvisionen der anderen drei Scheichtümer aus: Ajman, Fujairah und Umm Al-Qaiwain. Hier geht es weniger glamourös und modern zu, die Vergangenheit ist noch spürbar. Damals wie heute: Den Scheichdynastien gehört das Land und deshalb auch das Öl. An ihrem Reichtum lassen die Herrscher das Volk großzügig teilhaben. Jungen Eheleuten schenkt man Haus und Grund, Wasser und Strom, vergibt zinslose Kredite. Bildung, Ausbildung, Altersversorgung und Renten bezahlt der Staat. Pro-Kopf-Einkommen und Lebensstandard gehören zu den höchsten der Welt.

ZWISCHEN WÜSTENSAND UND MEERESSTRAND

Von Europa aus ist die Region schnell erreicht: Nach rund sechs Flugstunden landet man in der Sonne, genießt tolle Strände am Arabischen Golf wie am Indischen Ozean. In den Hotels werden die Gäste von Angestellten aus aller Welt umsorgt, die *nationals* triffst du höchstens in den Foyers oder im Restaurant. Außerhalb der Hotels warten die Entdeckungen. Trotz der hypermodernen Umgebung pflegen die Einheimischen nach wie vor ihren Lebensstil und ihre Traditionen. Der Moscheebesuch strukturiert das Leben, Kamelrennen und Falkenjagd sind – neben Shopping und Luxusautos – die beliebtesten Hobbys.

Dubai & Co. machen es einfach, unterwegs zu sein. Mit dem Mietwagen gelangst du schnell zu den Nachbarmetropolen, aber auch durch einsame Gebirgs- oder Wüstenlandschaften – angesichts der hervorragenden Straßen ein Kinderspiel. Vorsicht ist höchstens geboten was die Dromedare betrifft, die hin und wieder die Seiten wechseln. Entsprechende Verkehrsschilder weisen darauf hin. Du willst mitten hinein in die Wüste? Mit einer gebuchten Tour bist du auf der sicheren Seite, denn nur allzu leicht kann man verloren gehen in einer Landschaft, die nur aus meterhohen, im Licht gelb und rot schimmernden Sanddünen besteht. Am Horizont flimmern die Hajar-Berge. Eine grandiose Szenerie – unverändert schön seit Jahrtausenden.

AUF EINEN BLICK

11.800.000
Einwohner

Bayern: 13.000.000

1313 km
Küstenlänge

Deutschland: 2389 km

83.600 km²
Fläche

Bayern: 70.550 km²

TEUERSTES NUMMERNSCHILD:

1 MIO €

HÖCHSTTEMPERATUR:

AUGUST
48°C

FRAUENANTEIL AN DEN STUDIERENDEN:

54 %

CAPPUCCINO MIT BLATTGOLD

Legendäres Edelgetränk im Emirates Palace Hotel

791 PS

Der Rennwagen Lykan Hypersport gehört zur Flotte der Polizeiwagen in Dubai

211 NATIONALITÄTEN LEBEN IN DEN VAE

160 BEZEICHNUNGEN KENNT DIE ARABISCHE SPRACHE FÜR „KAMEL"

DIE EMIRATE VERSTEHEN

EXPATRIATES

Die Unterscheidung ist leicht, vorausgesetzt die Einheimischen (sog. *locals* oder *nationals*) tragen ihre heimische Tracht, d. h. Männer die lange, weiße *dishdasha* und die *ghutra*, ein dünnes, zum Dreieck gefaltetes Tuch auf dem Kopf, das bis zur Hüfte reicht und mit einer schwarzen Kordel gehalten wird. Allerdings wirst du eher selten mit *locals* reden, denn von den 9,3 Mio. Einwohnern der VAE sind 8 Mio. Ausländer, sog. *expatriates*, die nur zum Arbeiten hier leben. Die Mehrzahl stammt aus Indien, Pakistan, Sri Lanka, den Philippinen, Thailand, Bangladesch oder anderen arabischen Ländern. Da nur Gastarbeiter mit höherem Einkommen für ihre Familien Aufenthaltsrecht in den VAE bekommen, sind mehr als drei Viertel der Bevölkerung männlich.

HAPPINESS

„Glück ist harte Arbeit", weiß Ohood Al Roumi, Dubais Glücksministerin. Seitdem sich die VAE ein *Ministry of Happiness (happy.ae/en)* leisten, geht es aufwärts mit den positiven Gefühlen. Ähnlich wie beim berühmten Vorbild Bhutan, dem buddhistischen Königreich im Himalaya: weniger Shopping, mehr Meditation, Mitgefühl und Unterstützung für die, denen es nicht so gut geht. Um ihre Botschaft weiter zu streuen, hat Roumi bereits Dutzende von *happiness officers* zum Lernen ins Ausland geschickt, etwa ins Mindfulness Centre der Oxford University. Dort weiß man: Glück ist das Gewahrsein der eigenen Empfindungen, von Moment zu Moment und – ganz wichtig – ohne zu urteilen!

WASSERLEITUNG AUS STEIN

Die Wüste lebt, auch auf der Arabischen Halbinsel, wo seit Jahrhunderten Landwirtschaft betrieben wird. Lebenswichtig war die Kunst, das kostbare Wasser über Kilometer hinweg zu Palmenhainen und Gemüsefeldern zu transportieren. Die ältesten dieser in Stein geschlagenen und aus äußerst haltbarem Zement geformten Kanäle, *falaj* genannt, sind über 2500 Jahre alt. In den Emiraten wird dieses Bewässerungssystem zum Teil noch heute genutzt, zu sehen in Al-Ain, Al-Dhaid, Wadi Hatta, Buraimi und – als Nachbildung – in den Heritage-Dörfern von Abu Dhabi und Dubai.

AB IN DIE WÜSTE!

Die VAE liegen in der Trockenzone der Erde, am Rand der Wüste Rub al-Khali. Die Wüste erscheint in vielfältiger Gestalt, als Sanddünen, Geröllfläche und am Meer als flache Salzwüste *(sabkha)*. Niederschläge sind selten und versickern sehr schnell. Mit großen Anstrengungen und Milliarden von Dollar versucht man, der weiteren Ausbreitung der Wüste entgegenzuwirken. Mit Wasser aus Meerwasserentsalzungsanlagen wird die Wüste begrünt, werden Parks, Dattelhaine, Gärten und landwirtschaftliche Flächen angelegt.

Auch durch die vielen Gastarbeiter ist das öffentliche Leben sehr männlich dominiert

ARABISCHE PRALINEN

Ein Glas Tee und eine Handvoll Datteln gelten in den VAE nach wie vor als klassischer Willkommensgruß für Gäste. Kein Wunder, dass jedes Hotel beim Frühstücksbüfett die gesunden Früchte anbietet. Die goldbraunen Datteln bestehen zu zwei Dritteln aus Zucker, enthalten wichtige Mineralien und Vitamine, darüber hinaus noch verdauungsfördernde Fasern. Sie schmecken frisch am besten, sind aber auch getrocknet noch nach einem Jahr sehr gut. Dutzende von Dattelarten sind in den VAE bekannt, die größten werden mit Marzipan oder Mandeln gefüllt, in Seidenpapier gehüllt und in Holzschatullen oder Pralinenkisten verpackt – und eignen sich so gut als Mitbringsel.

Dattelpalmen sieht man in den VAE nicht nur in den Oasen, sondern auch im Stadtbild. Die „Bäume des Lebens" spenden nicht nur Schatten: Der Stamm dient als Bau- oder Brennholz, mit Palmwedeln baute man Wände und Dach der Hütte, aus Palmblättern flicht man Körbe und Matten, aus ihren Fasern dreht man Seile. Erst nach etwa acht Jahren trägt die Palme Früchte und erreicht erst nach zwei Jahrzehnten ihre volle Tragfähigkeit.

AL-WAHDA VS. AL-AIN

Kamele, Pferde – und Fußball: Die UAE Arabian Gulf League, die höchste Spielklasse in den VAE, wurde schon vor Jahrzehnten gegründet. Und wenn Al-Wahda gegen Al-Ain antritt ist das, als ob hierzulande Bayern

Nicht schön, aber schnell:
Roboter beim Kamelrennen

München gegen Borussia Dortmund spielt – und das 40 000 Plätze fassende Mohammed-Bin-Zayed-Stadion in Abu Dhabi ist dicht. Typisch: Zur Fußballliebe kommt das Ziel, damit weltweit zu glänzen. 2008 erwarb Sheikh Mansour bin Zayed Al Nahyan aus Abu Dhabi den englischen Traditionsclub Manchester City für 400 Mio. US-$. Weitere 1,62 Mrd. Euro pumpte der neue Besitzer allein in den zehn ersten Spielzeiten in den Club um Startrainer Pep Guardiola.

EINMAL VOGELKLASSE!
„Die Passagiere müssen während des gesamten Fluges eine Haube tragen", heißt es in den Bestimmungen der Airline. Wenn *nationals* mit ihren Lieblingen zur Jagd in ein anderes Land wollen, kaufen sie Flugtickets, mitunter auch im Dutzend. Denn trotz der Regel „Tiere sind in der Kabine nicht erlaubt" gibt es für Begleithunde wie für Raubvögel eine Ausnahme. Schließlich ist ein goldener Falke mit weißen Federn das Wappentier der VAE. Die zur Jagd abgerichteten Raubvögel sind bis zu 1 Mio. Dirham (ca. 220 000 Euro) wert und gehören für die Halter zur Familie. Vermutlich begegnest du diesen Passagieren auch deshalb kaum, weil die Scheichs mit ihren Tieren in Dubai und Abu Dhabi bei Fluglinien wie Emirates oder Etihad in der First Class sitzen. Wenn die Vögel auf Tour gehen, dann eben nicht nur mit eigenem Pass, sondern auch standesgemäß.

INVESTITION STABILITÄT
Nicht nur für Megamalls und künstliche Inseln geben die Herrscher in den VAE Geld aus, sondern zunehmend auch für Sicherheits- und Außenpolitik. Die 2014 von Sheikh Mohammed bin Zayed, der eine Ausbildung an der britischen Elite-Militärakademie Sandhurst absolvierte, eingeführte zweijährige Wehrpflicht für *nationals* zeigt bereits den Kurs: Nicht nur wirtschaftlich, auch außenpolitisch streben die VAE seit Jahren eine Führungsrolle an. Heute besitzt das Land nicht nur die schlagkräftigste Armee des Nahen Ostens und eine Söldnertruppe, sondern ist auch im Jemen, in Libyen und in Luftangriffe gegen den Islamischen Staat involviert. Das außenpolitische Ziel, das den Kurs bestimmt, ist klar:

Sicherheit und Stabilität, damit auch weiterhin in Megamalls und künstliche Inseln investiert werden kann.

WENN ROBOTER REITEN

„Achtung kreuzende Kamele" sagen uns die Verkehrsschilder in den Liwa-Oasen und entlang der Autobahnen, die durch die Wüste führen. Dabei handelt es sich bei den abgebildeten einhöckrigen Tieren um Dromedare (in den VAE *camel* genannt), während die „richtigen" (zweihöckrigen) Kamele in Indien und der Mongolei leben. Statussymbol, Verkehrsmittel, Lastenträger, Milch- und Fleischlieferant und als Rennkamel Objekt der Zuneigung und Geldanlage: Tausend Jahre vor unserer Zeitrechnung domestizierte man in dieser Region bereits das Dromedar. 40 km kann es am Tag zurücklegen, dabei bis zu 300 kg tragen, mehrere Tage kommt es ohne Nahrung und Wasser aus. In den Emiraten sind Kamelrennen ein beliebter Zuschauersport, in der Wintersaison herrscht am Wochenende auf den Rennplätzen immer Betrieb. Das Antreiben der Kamele übernehmen kleine Roboter.

AUF EINEN MOCKTAIL!

Schon seit geraumer Zeit sind Mocktails auf jeder Getränkekarte zu finden. Wie wäre es mit einer „Virgin Colada" oder einem „Ipanema" zum Sonnenuntergang? In den VAE kennt man neben den klassischen Cocktails (hier Piña Colada und Caipirinha), die einfach ohne Schuss serviert werden, ungezählte exotische und farbenfrohe Kreationen, die ganz ohne Alkohol

KLISCHEE KISTE

UNTERDRÜCKT?

Die Gleichstellung von Mann und Frau ist fest verankert in der Verfassung der VAE, doch gilt es nach wie vor als tabu, sich bei einem Einheimischen nach dem Befinden der Gattin zu erkundigen oder Grüße an sie auszurichten. Und: Männer können mehrere Frauen heiraten, diese aber nur einen Mann. Tradition oder finsteres Mittelalter? Der äußerer Schein kann täuschen: Sie mögen weite schwarze Umhänge tragen und ihre Haare bedecken, kombinieren dazu High Heels von Jimmy Choo und ein Kleid aus der neuesten Kollektion von Armani. Geld spielt kaum eine Rolle, als Hüterin des Hauses gebieten sie über ein Heer von Dienstboten. An den Universitäten sind Frauen in der Mehrheit, gehören seit Jahren zu den Jahrgangsbesten, streben nach guten Jobs. Ein guter Anfang.

GOLD, GOLDIGER, DUBAI

In den Emiraten ist alles Gold, was glänzt. Vom Gold Souk, wo nur Massives angeboten wird, bis hin zum essbaren Blattgold auf dem Cappuccino (für 600 Euro). Besonderer Gag: Die Automaten mit Gold-to-Go (u.a. im Emirates Palace Hotel), aus denen du Goldbarren und -münzen ziehen kannst. Entsprechendes Kleingeld natürlich vorausgesetzt!

auskommen. Jede Bar, die auf sich hält, hat einen eigenen Signature Mocktail. Typisch sind Mocktails, die Dattelsaft enthalten, Klassiker solche mit Minze und Limette.

PFERDE IM POOL

„Nicht jeder, der ein Pferd reitet, ist auch ein Jockey", so schrieb Sheikh Mohammed, Herrscher von Dubai, in einem seiner Gedichte: ein Vers, den der erfolgreiche Distanzreiter sehr schätzt. Tatsächlich hielt man in der Region schon vor Jahrtausenden Pferde und die hier gezüchteten reinrassigen Araber gilt als die schönste aller Pferdrassen. Die eher kleinen, zierlichen Tiere sind besonders schnell und ausdauernd. Auf den Rennbahnen der VAE finden in den Wintermonaten jede Woche Pferderennen statt, mit hohen Geld- und Sachpreisen für die Gewinner. Das höchstdotierte Galopprennen der Welt mit 10 Mio. Dollar Preisgeld wird jeden März in Dubai ausgetragen. Die Pferde werden in klimatisierten Ställen gehalten, von Pflegern und Veterinären betreut, erhalten importiertes Kraftfutter, und zum Training geht's auch ins Pferdeschwimmbad.

TEPPICH MIT KOMPASS

Der Islam ist in den Emiraten Staatsreligion und ethische Maxime in einem. Neben der überall sichtbaren Modernität und gelebten Toleranz bietet nach Auffassung der *nationals* nur ein im Einklang mit dem Koran geführtes Leben ausreichend Schutz. Jeder Tag beginnt mit einem Gebet, durch Lautsprecher werden die Gläubigen in die vielen Moscheen gerufen. Da man sich beim Gebet stets in Richtung Mekka niederwerfen soll, zeigen auch in den Hotelzimmern diskret angebrachte Aufkleber an der Zimmerdecke die entsprechende Himmelsrichtung an. Noch praktischer sind Gebetsteppiche, bei denen gleich ein entsprechender Kompass integriert ist.

CHILLEN MIT SHISHA

Erdbeer, Banane und Latte macchiato: Die in den Shisha-Cafés angebotenen aromatisierten Tabaksorten wechseln jede Saison. Seitdem in Europa Wasserpfeifen angesagt sind, hat sich auch in Arabien die jahrhundertealte Leidenschaft der einstigen Beduinen verändert. Immer mehr Shisha-Cafés öffnen in den Städten, und zunehmend Frauen und Touristen schätzen den aromatischen (wenngleich ungesunden) Rauch und das entspannende Blubbern der wassergekühlten Pfeifen – deshalb auch *hubbly-bubbly* genannt – als unverzichtbar zum Chillen.

GUCCI UND GESICHTSMASKE

Trotz der hypermodernen Fassade ist die Vergangenheit präsent: Auf dem Kamelmarkt von Al-Ain taxieren Einheimische die Tiere, bevor sie mit den Kaufverhandlungen beginnen, Frauen mit verhüllenden Gesichtsmasken bummeln durch die Malls, ihre Hände verziert mit dunkelroten Henna-Tattoos. Man trifft sich auf den wöchentlichen Kamelrennen ebenso wie in den Clubs der Luxushotels. Mit Porsche und Hummer parkt man vor der

Moschee, um mit den rituellen Waschungen zu beginnen und zu beten. Männer in *dishdashas* treffen sich mit ihren Gattinnen in den Gourmettempeln der Stadt, in der einen Hand das neue I-Phone, in der anderen die Gebetskette. Zu ihren Häusern – kleine Schlösser im arabischen Neo-Look – haben nur Familienmitglieder und enge Freunde Zugang. Und natürlich gibt es Bereiche, die nur den Frauen gehören, und solche, die dem Hausherrn vorbehalten sind.

KLIMASCHUTZ, JA BITTE!

Obwohl die Emirate in erster Linie für ihre Mega-Bauprojekte bekannt sind, bemüht man sich längst, umweltbewusst aufzutreten. Statt – mit Skihallen oder Eisbahnen – weiterhin als Energieverschwender angeprangert zu werden, wollen besonders Dubai und Abu Dhabi Vorreiter für Klimaschutz werden und investieren deshalb Milliarden in diesem Bereich. Das bislang größte Projekt ist die vom britischen Architekten Norman Foster entworfene Masdar City, eine vollkommen CO_2-neutrale und abfallfreie Universitätsstadt, rund 30 km östlich von Abu-Dhabi-Stadt. Mit fahrerlosen Elektrogondeln gelangt man von der unterirdischen PRT-Station zum Campus des Masdar Institute of Science and Technology, einer Hochschule, die sich der Erforschung neuer Umwelttechnologien verschrieben hat. Noch ist nicht alles fertig in der hypermodernen Öko-Siedlung, in der einmal bis zu 40 000 Menschen leben werden. Um auch die Bürger, *nationals* wie *expatriates*, auf den grünen Weg zu bringen, setzt man auf jährliche Umwelttage und wiederholte Aktionen (*„plant a tree"*), fordert auf, mit Klimaanlagen bewusster umzugehen, Strom zu sparen und auf nachhaltigen Konsum zu achten.

Jahrhundertealte Tradition unter arabischen Männern: Shisha rauchen

ESSEN SHOPPEN SPORT

Unvergesslich: Ballonfahrt über das Dünenmeer

ESSEN & TRINKEN

Als Schmelztiegel von Nationen wetteifern heute – gerade in Dubai und Abu Dhabi – die arabische und die Küchen der Welt um die Gunst der Genießer.

IMMER DER NASE NACH

Ein köstlicher Geruch liegt in der Luft, eine unwiderstehliche Mischung aus Kreuzkümmel, Koriander, Fenchelsamen, Knoblauch und Zimt, jenen duftenden Gewürzen, die den Speisen in der Region ihren besonderen Charakter verleihen – arabisches Essen ohne Gewürze wäre wie ein Meer ohne Wogen oder ein Himmel ohne Sterne, heißt es, und ihr Duft steigert die Vorfreude auf die kommenden Genüsse. In den arabischen Restaurants prägen Lamm und Huhn, Reis und Gemüse die Menüs. Fleisch wird häufig in Joghurtsaucen mariniert und über Holzkohle gegrillt. Rindfleisch gibt es eher selten, Schweinefleisch ist aus religiö-sen Gründen weitgehend tabu. Sehr beliebt als Beilage ist Reis; bevorzugt wird der aus Indien importierte Basmati, langkörnig, mit leicht nussartigem Geschmack und unverwechselbarem Duft.

SPEZIALITÄTENKÜCHEN

Typisch ist die großzügige Verwendung von Gewürzen. Kardamom, Pfeffer, Safran und Knoblauch werden seit jeher geschätzt. Im Holzkohlenofen gebacken wird knuspriges Fladenbrot, das noch heiß auf den Tisch kommt. Aus dem Arabischen Golf und dem Indischen Ozean kommen Fisch und Meerestiere, Langusten und Hummerkrabben, die man gern gegrillt zubereitet und mit Knoblauch und Limonen serviert. Traditionell in Arabien beliebte Vorspeisen sind sauer eingelegte Gemüse sowie ein mit Sesamöl zubereitetes Kichererbsenpüree. Arabische Desserts sind eine köstliche, oft

Restaurant Al-Mahara im Burj Al Arab (li.), Hummus (re.)

auch kalorienhaltige Angelegenheit, weil sie mit reichlich Honig, Pistazien und Mandeln zubereitet werden.
Tatsächlich lieben die Einheimischen gutes und reichhaltiges Essen, ebenso sehr wie das regelmäßige Essengehen. Besonders vielfältig ist das Angebot an Restaurants in den Vier- und Fünf-Sterne-Hotels. Diese haben mitunter bis zu einem Dutzend verschiedene Lokale, darunter auch solche mit indischer, japanischer, französischer, mexikanischer, italienischer und libanesischer Küche. Die teuersten und auch am aufwendigsten designten Restaurants findest du in den Luxushotels.

GESTÄRKT IN DEN TAG
Zu einem typisch arabischen Frühstück gehören Fladenbrot, schwarze Oliven, Ziegenkäse und Joghurt, dazu schwarzer Tee oder Kaffee. In den Hotels werden am Morgen große Büfetts

aufgebaut, die nahezu alles bieten, was das Herz begehrt: neben allem, was man von europäischen Frühstückstischen kennt mitunter auch japanische *miso*-Suppe, chinesische *dim-sums* (mit Fleisch und Gemüse gefüllte, dampfgegarte Teigtaschen) und Sushis. Dazu serviert man Säfte, Tee, Kaffee und Cappuccino. Schau nach, ob es Kamelmilch gibt, die ist supergesund, weil eiweiß- und mineralstoffreich. Besonders lecker auch als Smoothie mit Obstsaft.

INSIDER-TIPP
Die Milch
macht´s

RAN ANS BÜFETT
Üppige Speisenbüfetts stellen in den Hotels auch mittags und abends die Gäste zufrieden. Typisch sind die mehrmals pro Woche wechselnden kulinarischen und geografischen Schwerpunkte (z. B. italienisch, mexikanisch, Fisch, Meeresfrüchte etc).

Nach alter Tradition:
Imbiss auf Arabisch

den „Gastarbeitern" der Arabischen Halbinsel. Neben anderen arabischen und asiatischen Küchen findest du auch afrikanische und westliche Lokale. Besonders groß und breit gefächert ist das Angebot in Abu Dhabi und Dubai, dort kannst du hervorragend (und außerdem sehr günstig) indisch und pakistanisch essen.

Günstig isst man auch in den Foodcourts der Malls bei nebeneinanderliegenden Selbstbedienungsrestaurants *(food outlets)* jeder Couleur, neben Fast Food auch ethnische Restaurants aus Asien und Lateinamerika sowie Fisch- und vegetarische Restaurants. Sowohl in den Foodcourts wie am Straßenrand wird *shawarma* verkauft, eine köstliche Spezialität (warmes Fladenbrot mit Fleisch und Salat).

OBST ZUM TRINKEN

Der Islam verbietet den Gläubigen den Genuss von berauschenden Getränken. In den Emiraten gibt es daher Alkoholika nur in Hotels und lizenzierten Restaurants und Clubs. Nur in Sharjah herrscht striktes Alkoholverbot. Frisch gepresste Mangos, Papayas, Bananen und Orangen werden überall eisgekühlt serviert. Einzigartig sind die Mocktails, fantasievolle Kombinationen von Obstsäften. Natürlich trinkt man viel Wasser, gereicht in großen Plastikflaschen. Dieses preiswerte Mineralwasser wird in den Emiraten (u. a. in Masafi) abgefüllt. Das Leitungswasser ist einwandfrei, doch stört der leicht schwefelige Geschmack, weil es sich um entsalztes Meerwasser handelt.

Bei einem typischen Friday Brunch, zu dem man sich am späten Freitagvormittag in den Hotelrestaurants trifft, bekommt man ehesten einen Eindruck von der Multikulturalität des Landes, die auch die kulinarische Szene prägt. Die Tische biegen sich unter den versammelten Leckereien: italienische Antipasti, französische Hors d'oeuvres, Biomüsli aus Österreich, arabische Gemüsespezialitäten, japanisches Sushi und chinesisches dim sum – einfach köstlich!

QUAL DER WAHL

Einmalig sind die vielen ethnischen Restaurants, betrieben von *expatriates,*

Unsere Empfehlung heute

Vorspeisen

BABA GHANNUSH
Auberginenpüree mit Sesamöl

FOUL MEDAMES
gekochte dicke Bohnen in würziger
Tomatensauce, serviert mit Zwiebeln
und Gemüse

HOUMUS
Püree aus Kichererbsen und Sesamöl

KHOUBIZ
Fladenbrot, frisch aus dem Holzofen

LABNEH
Quark mit Knoblauch

TABOULEH
Salat aus gehackter Petersilie, klein
gewürfelten Tomaten, Gurken, Zwiebeln,
Weizenschrot und Minze

Hauptgerichte

ALOO GOBI
indisches Blumenkohl-Curry

CHICKEN BIRYANI
indisches Reisgericht mit Huhn

FAREED
würziger Lammeintopf, geschichtet mit
Brot

NIHARI
in Masala mariniertes Lammfleisch, mit
Zwiebeln und Gemüse geschmort

SHISH TAOUK
mariniertes, gegrilltes Hühnerfleisch
am Spieß

Beilagen

MASKOUL / MUADDAS
Reis mit Zwiebeln / mit braunen Linsen

MUTABBAL
gebackene Auberginen mit Sesampaste
und Nussöl

Desserts

BAKLAVA
Blätterteig-Dessert aus Mandeln, Sirup
und Pistazien

MEHALABIYA
Pudding mit Pistazien

MUHAMMAR
süßer Reis mit Kardamom, Rosinen,
Rosenwasser und Mandeln

UMM ALI
Brotpudding mit Sahne und gerösteten
Mandeln

SHOPPEN & STÖBERN

Gewürze, Gold und Silber, Brokate aus Indien und Seide aus China – am Arabischen Golf wurde schon immer gerne gehandelt.

WAS KOSTET DIE WELT

Beim *DSF (mydsf.ae)*, dem *Dubai Shopping Festival,* bieten alle Geschäfte im Emirat 20 bis 40 Prozent Rabatt, es gibt tägliche Verlosungen, Modenschauen, Konzerte, Feuerwerke. Wer bei diesen vier Wochen, meist ab Mitte Januar, dabei sein will, muss Monate vorher ein Hotel buchen.

KAMELHOCKER, KRUMMDOLCHE & MEHR

Günstig sind Waren, die aus Indien und Indonesien stammen, zum Teil auf alt getrimmte Kleinmöbel, Bilderrahmen, Vasen und Skulpturen. Aus Jemen stammen wunderschöne (jedoch hochpreisige) alte Teppiche, Töpferwaren und Holztruhen. Eine gute Auswahl

hast du im *Central Souk (Blue Souk)* in Sharjah und im historischen *Souk al-Arsah*. Hier findest du auch gute Paschmina-Schals aus Kaschmir, in allen Farben, teilweise von Hand bestickt.

ES DARF GEHANDELT WERDEN

Jahrhundertelang kaufte man ein im Souk, d. h. in einem Viertel, in dem die gleichen Waren an vielen kleinen Verkaufsständen nebeneinander angeboten wurden. Teppiche in der einen Gasse, Gewürze in der nächsten, Geschirr in einer anderen. Zum Angebot dazugekommen sind Elektronik, Spielzeug und westliche Kleidung. Mit dem steigenden Reichtum veränderten sich die Souks, und häufig sind die Läden heute in modernen Einkaufskomplexen untergebracht. Deren Architektur ist beeindruckend, die Größe der klimatisierten Malls gigantisch. Hochburg fürs Shopping ist Dubai, wo es Dutzende von Malls gibt.

Thematisch getrennt: Keramik-Souk (li.) und Gold-Souk (re.) in Dubai

IDER-TIPP
So duftet Dubai

Für wenig Geld und an kleinen Ständen in den Malls zu haben: exotisch riechende Parfümöle mit Weihrauch, Patchouli und Kardamom.

Legendär ist der *Gold Souk* von Dubai, „der" Ort, wenn du in den Emiraten Schmuck kaufen willst. Der Preis richtet sich nur nach dem Gewicht des Schmuckstücks, die Verarbeitung gibt es kostenlos dazu. Echt witzig: In Dubai gibt es eine Handvoll Goldautomaten, in denen du gegen Bares dir deine Barren ziehen kannst. Ein Automat steht bspw. im Souk von Madinat Jumeirah in Dubai.

IDER-TIPP
Gold to go

MODE

In den Shoppingmalls findest du sowohl Top-Designer (Armani, Chanel) als auch junge, moderne Marken wie Zara und Gap. Ebenfalls häufig anzutreffen sind Kinderboutiquen. Übersichten am Eingang der Malls zeigen die Verteilung der teils um die 1000 Shops an. Es lohnt sich, nach *sales* Ausschau zu halten, das ganze Jahr über reduzieren immer wieder einzelne Shops, teilweise gibt es Rabatte um die 30 Prozent, etwa wenn Einzelstücke auslaufender Kollektionen im Angebot sind. Generell ist Mode nicht billiger als in Europa, einzigartig ist jedoch die gewaltige Auswahl: in den Emiraten, besonders in Dubai findest du nahezu jede Marke, dazu Flagship Stores der großen Designer und Marken.

PICASSO AM GOLF

Die *Arts Area* in Sharjahs Altstadt ist der Ort, wenn du Bilder und Objekte einheimischer Künstler anschauen oder kaufen möchtest. Die Spannbreite reicht von moderner, abstrakter Kunst zu Objekten, die sich auf die arabischen Wurzeln beziehen.

SPORT

Ob in der Wüste oder im Meer, in den VAE ist alles möglich, was Spaß macht: tauchen und schnorcheln, kiten und Kanu fahren, golfen, reiten und – ja, Ski fahren – im Schnee wie in den Sanddünen.

DUNE SKIING

Surfen in der Wüste? Ja, klar – heißt dann Sand Boarding und ist ein Mega-Vergnügen. Mit einem Allradfahrzeug geht's im Rahmen einer gebuchten Tour hinein in die Dünen. Dort steigst du um auf ein Sandbrett. Mit etwas Unterstützung und ein paar Hinweisen surfst du nach kurzer Zeit die Wüstenhänge senkrecht hinab. Du bist eher der alpine Typ? Dann probierst du das Dune Skiing, das etwas an Tiefschneefahren erinnert. Anbieter ist *Arabian Adventures (Tel. 04 30 34 8 88 | arabian-adventures.com)* mit Zweigstellen in diversen 5-Sterne-Hotels in Dubai und Abu Dhabi.

GOLF

Die Emirate verfügen über zahlreiche Weltklasse-Golfplätze, die meisten davon liegen in Dubai. Zu den besten Plätzen gehört der *Emirates Golf Club (dubaigolf.com)* in Dubai mit den Courses „Majlis" und „Wadi". An seinem Wahrzeichen, dem beduinenzeltartigen Clubhaus, ist er gut zu erkennen. Golfer aus Europa schlagen bevorzugt auf dem *Yas Links Course (yaslinks.com)* in Abu Dhabi ab sowie auf dem *Saadiyat Beach Golf Club,* einem 18-Loch Par 72 Kurs, designt von Gary Player. Die Greenfee-Gebühren (vorausgesetztes Handicap für Männer 28, Frauen 36) sind während des Winters (November bis März) mit bis zu 700 Dh recht hoch, variieren jedoch von Tag zu Tag. Bei der Onlinereservierung von Abschlagszeiten (z. B. über *de.leading courses.com*) lassen sich mitunter Angebote finden.

Konzentriertes Paddeln auf einer Kajaktour bei Khor Kalba

JOGGEN & RADFAHREN

Pack deine Laufschuhe ein: Besonders in Dubai gibt es immer mehr Joggingstrecken. Toll ist die 14 km lange *Jumeirah Beach Road,* bei der du auf einer grünen, weich federnden Bahn zwischen dem Dubai Marine Beach Resort und dem Burj al Arab am Meer joggst. In Abu Dhabi trifft man sich bei Sonnenaufgang, um entlang der Corniche zu laufen, eine acht Kilometer lange Strecke mit Blick auch auf die Mega-Architektur der Wolkenkratzer.

Unterwegs mit dem Rad? Toll für Profis ist der im Südosten weit außerhalb von Dubai-Stadt und mitten durch die Sanddünen der Wüste verlaufende 86 km lange *Al Qudra Cycle Path.* Anfänger befahren einen kleinen Teil der Strecke. Mit dem Mietwagen gelangst du zur Al Qudra Road, auf der du dann mit einem mitgebrachten Leihrad *(trekbikes.ae)* startest.

KANUTOUREN

Die Mangrovenwälder (s. S. 54) an der Ostseite von Abu Dhabi-Stadt und um die Insel Sir Bani Yas im Westen des Emirats Abu Dhabi laden zur Erkundung ein. Ein Veranstalter ist z. B. *Sea Hawk (160 Dh, Kinder 130 Dh | Abu Dhabi | Tel. 02 6 73 66 88 | seahawk.ae).* Ein Erlebnis sind die Kanutouren rund um den Louvre Abu Dhabi in Vollmondnächten. Auch tagsüber lässt sich Kajaking rund um das Museum buchen.

INSIDER-TIPP
Paddeln zum Mondschein-Tarif

KITESURFING & SUP

Treffpunkt in Dubai ist der supergepflegte *Kite Beach (Umm Suqeim 1),* den die Kiter am Wochenende allerdings mit vielen Badegästen teilen müssen. Neben Kitesurfing ist auch Stand-up-Paddling angesagt. Boards und alles weitere Zubehör ebenso wie

Unterricht gibt's bei *Dukite (dukite. com)*. Dubai ist Leichtwindrevier mit selten mehr als 15 Knoten und es gilt: je heißer, desto windiger!

KLETTERN & ZIPLINING

Als Ziel für Hiker und Kletterer positioniert hat sich der Jebel Jais, der mit 1934 m höchste Berg der VAE im Emirat Ras Al-Khaimah. An den Hängen des Berges, auf dem sogenannten *Jais Adventure Peak*, gibt es einen Klettersteig.

Ein Mega-Erlebnis ist natürlich der *Jebel Jais Flight* (s. S. 103): die längste Zipline der Welt mit Seilrutschen über atemberaubenden Schluchten, verbunden miteinander durch Hängebrücken, Abseil-Kabel und Plattformen.

REITEN

Dromedar oder lieber Vollblüter? Die Gelegenheit zum Camel Riding gibt es an vielen Orten, immer auch im Rahmen der gebuchten Wüstentouren und dem Beduinendinner.

Eine renommierte Adresse für Ausritte zu Pferd ist der *Dubai Polo and Equestrian Club (Al Qudra Road | poloclub dubai.com)*, der sich gegenüber den Arabian Ranches und nahe der Wüste befindet. Ein Erlebnis sind die Ausritte zum Sonnenaufgang- bzw. Sonnenuntergang, teilweise kannst du auch Gazellen sehen. Für Kinder gibt es qualifizierten Unterricht, auch auf englischen Reitponys. Als Adresse des Dubai Polo Clubs befindet sich auf dem Gelände auch die *Polo Academy*, d.h. es wird auch Polo-Unterricht gegeben.

SCHLITTSCHUHLAUFEN

Eine coole Möglichkeit, nicht nur wenn es (zu) heiß ist: Runden drehen auf den großen Eislaufbahnen *(ice rink)*, die es in einigen Shoppingmalls in Dubai, Abu Dhabi und Al-Ain gibt. Olympische Ausmaße hat die 60 Meter lange und 30 Meter breite *Dubai Ice Rink (tgl. 10–19.45 Uhr, Start alle 2 Std. | 105 Min. 63 Dh (inkl. Schlittschuhe) | Sheikh Zayed Road/1st Interchange, Financial Centre Road | Dubai Mall | dubaiicerink.com)* in der Dubai Mall. ☃ Hier kannst du auch Unterricht nehmen oder dir ein Ice Bike leihen.

SCHNORCHELN & TAUCHEN

Die Ostküste der VAE am Golf von Oman und das Emirat Fujairah sind optimal, wenn du mit Flossen und Taucherbrille die Unterwasserwelt entdecken willst. Korallen, Riffe und farbenprächtige Fische findet man nur hier, die Westküste ist zu sandig und zu flach und deswegen ohne attraktive Unterwasserwelt. Abstriche machen sollte man hinsichtlich der Sauberkeit des Wassers – bedingt durch Bauarbeiten und die erdölverarbeitende Industrie ist das Meer meist nicht so glasklar, wie man es sich wünscht, hohe Wassertemperaturen begünstigen zudem Algenwachstum.

Eine gute und verlässliche Adresse für Taucher ist das *Padi Diving Centre (Al-Aqqa | Fujairah | Tel. 09 2 44 50 50 | sandybeachhotel.ae)* des Sandy Beach Hotels auf halber Strecke zwischen Dibba und Khorfakkan. Die Tauchtiefen reichen bis 18 m, Tauchgründe

In Ras Al-Khaimah geht es mit der weltlängsten Zipline den Berg Jebel Jais hinunter

sind aus dem Meer aufragende Felsen wie das vor der Küste liegende Snoopy Island oder ein künstliches Riff, 1500 m vom Ufer entfernt.

STRÄNDE

Da öffentliche Strände *(open beach, public beach)* meist ohne Infrastruktur sind und in Dubai-Stadt, Abu-Dhabi-Stadt und Sharjah die Strände an Hotels gekoppelt, besucht man besser die sogenannten *Beach Parks*. Hier findest du nette Restaurants und Strand-Cafés, herrscht Party-Atmosphäre, legen internationale DJs auf, gibt es an Wochenenden Live-Musik. Treffpunkt westlicher Expatriates in Dubai sind der *Jumeirah Beach Park (gegenüber des JBR Walk)*, der alteingesessene, von Palmen bewachsene *Al-Mamzar Beach Park (tgl. 8–22.30 Uhr | Mi Familientag, d.h. keine männlichen Singles | Eintritt 5 Dh | Al-Mamzar Creek | an*

der Grenze zu Sharjah). Mit Möglichkeiten zum Kitesurfen oder Kajak- und Bananenbootfahren sowie diversen Cafés lockt der *Kite Beach (Umm Suqeim 1 | Jumeirah | kite beach.ae)*. Toll für Familien mit Schulkindern sind die (leider echt teuren) Wasserparks in Dubai und Abu Dhabi, die einen den ganzen Tag lang in Atem halten. Weniger trubelig geht es hingegen in Ajman und weiter nördlich sowie an der Ostküste zu. Dort sind die Strände weitgehend frei zugänglich, allerdings meist auch naturbelassen.

WASSERSKI & SURFING

Klar, jedes Strandhotel hält eine große Auswahl an Wassersportgeräten bereit, unterhält entsprechend ein *Water Sports Centre*. Auch wenn du hier nicht wohnst, kannst du gegen Gebühr Surfboards ausleihen oder eine Runde Water Skiing buchen.

DIE REGIONEN
IM ÜBERBLICK

A R A B I A N
G U L F

QATAR

Ras
Qamis

Ras
Ghemeis

Ob Louvre, Palasthotel oder Große Moschee: Luxus & Kultur pur!

Khawr al Bazm

As-Sila

Ruwais

Al -Mirfa

Ghayathi

ABU DHABI S. 40

Madinat
Zayid

Aradah

SAUDI ARABIA

50 km
31.07 mi

IRAN

Mehran

RAS AL-KHAIMAH S. 94

Strait of Hormuz

**AJMAN &
UMM AL-QAIWAIN** S. 86

Der perfekte Deal:
Weite Wüsten, hohe
Berge und Top-Strände

Hier ticken die Uhren
noch anders.
Baden an einsamen
Stränden

Ash-Sham

OMAN

Ras al-Khaimah

Dawhat Dibba

HARJAH S. 72

Umm al-Qaiwain

Dibba

Gulf of Oman

s für eine Altstadt!

Ajman

Sharjah

Khor Fakkan

ne Metropole wie
ein Weltwunder:
Superlative an
jeder Ecke

Dubai

Fujairah

Maleiha

DUBAI S. 60

Hatta

Ras
Ghanadah
Ras Sadr

Al-Faqa

**FUJAIRAH &
OSTKÜSTE** S. 104

BU DHABI

Sweihan

Abenteuer warten im
Hajar-Gebirge wie
unter Wasser

Al-Ain

sab

OMAN

Wadi Dank

Wadi Aswad

ABU DHABI

Wüste und Oasenstädte, jede Menge Inseln und eine Metropole, die Zukunft und Vergangenheit vereint. Gegensätze sind hier an der Tagesordnung.

In der Hauptstadt leben die Hälfte der 2,5 Mio. Einwohner des Emirats, gleich außerhalb der Stadt beginnt unberührte Wüste, z.T. mit hohen, in der Sonne glitzernden Sanddünen, aber auch mit schnurgerade verlegten Öl-Pipelines. Zu Füßen des Jebel Hafeet erstreckt sich die stolze Oasenstadt Al-Ain und vor der Küste liegen 200 kleine und

Moderne Towers neben erleuchteten Moscheen in Abu-Dhabi-Stadt

kleinste Inseln, auf denen kühne Bauprojekte realisiert werden. Ein Klacks für Abu Dhabi: Das mit vier Fünfteln der Gesamtfläche größte der Emirate besitzt über 90 Prozent der Erdöl- und Erdgasreserven des Landes. Abu Dhabi ist stolz auf seine Geschichte: 1761 führte die Nahyan-Familie den Beduinenstamm der Bani Yas von den Liwa-Oasen auf eine flache Sandinsel vor der Küste. Noch um 1960 war Abu Dhabi ein Fischerdorf, dessen Einwohner sich in Hütten um das Fort des Emirs scharten. Heute? Ist es das reichste und mächtigste Emirat.

ABU DHABI

ARABIAN GULF

2 Sir Bani Yas ★

Khawr al Bazm

○ Abu Al Abyad

○ Al Ruwais

11

○ Al Mirfa

UNITED ARAB EMIRATES

○ Madinat Zayed

12

Liwa ○

Liwa-Oasen ★ **1**

EASTERN REGION

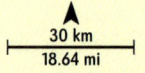

30 km
18.64 mi

175 km, 1 Std. 50 Min.

Milehah

44

77 **Lahbāb**

Al Madam

DUBAI

66

11

Al Faqa

Louvre Abu Dhabi ★

Saadiyat Public Beach

Al Hayer

Strände (Saadiyat Island) ★

Swiehan

Abu-Dhabi-Stadt

S. 44

33

Yas Marina Circuit ★

Al-Ain National Museum ★

170 km, 1 ¾ Std.

Camel Market ★

Sheikh Zayed Grand Mosque ★

Heritage Village ★

22

Al Khazna

Al-Ain

S. 55

Emirates Palace ★

Jebel Hafeet 3

ABU DHABI EMIRATE

AL BURAYMI GOVERNORATE

300 km, 6 Std.

OMAN

MARCO POLO HIGHLIGHTS

★ **SHEIKH ZAYED GRAND MOSQUE**
Die größte und schönste Moschee der Emirate ➤ S. 45

★ **EMIRATES PALACE**
Der arabische Traumpalast der Superlative steht jedem offen ➤ S. 46

★ **HERITAGE VILLAGE**
Kamele, Bewässerungskanäle und altes Handwerk: Das Museumsdorf gibt einen Einblick in die Lebensweise vor dem Ölboom ➤ S. 46

★ **LOUVRE ABU DHABI**
Daneben sieht das Original fast schon etwas blass aus ➤ S. 48

★ **YAS MARINA CIRCUIT**
Gehört für manchen auf die persönliche Bucketlist: einmal die Formel-Eins-Strecke ablaufen ➤ S. 49

★ **STRÄNDE (SAADIYAT BEACH)**
Weiß, naturbelassen, mit türkisblauem Meer und on top der Blick auf die Abu-Dhabi-Skyline ➤ S. 52

★ **LIWA-OASEN**
Nichts als Sand – auf ins Leere Viertel! ➤ S. 53

★ **SIR BANI YAS**
Arche Noah auf einer Insel: Gazellen, Antilopen und Meeresschildkröten im Wildlife Reserve ➤ S. 54

★ **AL-AIN NATIONAL MUSEUM**
Einzigartige archäologische Fundstücke aus der Wüste: 5000 Jahre alte Siedlungen ➤ S. 56

★ **CAMEL MARKET**
Der letzte große Kamelmarkt der Emirate liegt in Al-Ain ➤ S. 57

ABU-DHABI-STADT

(🗺 G6) **Die Konkurrenz belebt die Entwicklung: Mit der Eröffnung des Louvre Abu-Dhabi besitzt die Metropole ein kulturelles Highlight, dazu kommen eine Handvoll weiterer Superlative. Auch wenn es um Traumstrände geht, hat Abu Dhabi gegenüber Dubai eindeutig die Nase vorn.**

Die schnellste Achterbahn der Welt, eine Moschee, so beeindruckend wie das Taj Mahal, ein Palasthotel, in dem der Cappuccino schon mal mit Goldstaub auf der Sahnehaube serviert wird: Hotspot der auf einer 70 km^2 großen Insel liegenden und durch Brücken mit dem Festland verbundenen *Stadt (ca. 1,2 Mio. Ew.)* ist die zum Flanieren anregende, kilometerlange Corniche, umgeben von Strandrestaurants, Cafés und Beach-Parks auf der einen, von Hightech-Wolkenkratzern auf der anderen Seite. Die Eröffnung des 2 Mrd. Euro teuren Emirates-

Palace-Hotels markierte 2005 den Anfang den Beginn der touristischen Entwicklung. In den Jahren davor war man hauptsächlich mit der Schaffung der Infrastruktur für die Bevölkerung und die zunehmende Anzahl an *expatriates* beschäftigt.

Wegen der vielen, wie maniкürt wirkenden Grünanlagen und zigtausenden von angepflanzten Palmen, fühlst du dich hier in Abu Dhabi mitunter an eine tropische Stadt erinnert. Überall sprudeln Brunnen, und selbst die gleich nebenan verlaufende, vielspurige Sheikh Zayed Street kann die relaxte Atmosphäre nicht stören. Hier treffen sich morgens *expatriates* und Einheimische zum Brunch, genießt man abends mit Freunden eine Shisha oder schaut von den höchsten Hotelbars der Welt auf die Szenerie. Rötlich-gold schimmern in der Abendsonne am westlichen Ende der Corniche die Kuppeln des Emirates-Palace-Hotel, längst ein Wahrzeichen in der sich so schnell verändernden City. Und weiter geht es auf Schnellstraßen über das Meer nach *Yas Island (yasis land.ae)*. Eine ganze Insel zum Spaß haben! Die von Clubs, Cafés und Restaurants umgebene Marina, ein toller Wasserpark und der top-designte *Yas Marina Circuit,* der im November zur Bühne für Formel-1-Rennen wird. Während es nicht nur Väter und Söhne in die zigtausende Quadratmeter große *Ferrari World* – ein XXL-Themenpark – zieht, cruisen andere weiter auf einem Highway über das Meer nach *Saadiyat Island*. Seitdem der Louvre Abu Dhabi sich zum Besuchermagneten entwickelte, ist die stadtnahe „In-

---

WOHIN ZUERST?

Die Central Bus Station liegt in der Nähe der **Al Wahda Mall**. Von dort geht man auf der Al-Ferdous Street (10th Street) bis zum Corniche East Park. Mit Blick auf die Skyline kommt man in einer Stunde (etwa 5 km) zum Heritage Village. Danach mit dem Taxi zur Sheikh-Zayed-Moschee oder zur Insel Yas.

Auch für Nichtmoslems zugänglich: die Sheikh Zayed Grand Mosque

sel der Glückseligen" international bekannt (s. Rubrik „Strände", S. 52). Die Insel ist aber auch Adresse luxuriöser Strandhotels. Zahlreiche weitere natürliche Inselchen liegen in der Nähe, auf einigen entstanden Shoppingmalls, andere Megaprojekte sind in der Pipeline.

Ein Doppeldecker von *Big Bus Tours* *(tgl. 9–17 Uhr | Abfahrt alle 30 Min., Dauer 2,5 Std. | 270 Dh, Kinder 170 Dh, online günstiger | bigbustours.com)* startet von der Marina Mall zu den Sehenswürdigkeiten, an 20 Stopps (u. a. Emirates Palace, Sheikh Zayed Mosque, Heritage Village, Louvre) kann man ein- und aussteigen, das Ticket ist 24 Stunden lang gültig. Oder such dir ein Taxi und steure deine Ziele individuell an. Wenn du zu zweit unterwegs bist, ist das sehr billig!

ODER-TIPP
Mit Privat-chauffeur unterwegs

SIGHTSEEING

SHEIKH ZAYED GRAND MOSQUE ★

Beeindruckend schon aus der Ferne: Drei gewaltige weiße Kuppeln und Dutzende weitere kleinere, dazu die typischen Minarette geben der Großen Moschee ihr orientalisches Aussehen. Auch als Nicht-Muslim hast du Zutritt zur Moschee, die ein Muss ist: gigantische Dimensionen und eine Prachtentfaltung, die nicht zu steigern ist. Ein Wald aus 1092 weißen und mit Blüten und ornamentalen Intarsien versehenen Säulen strukturiert die Höfe und Räume. Die größte Moschee des Landes ist dem 2004 verstorbenen ersten Präsidenten Sheikh Zayed gewidmet. Vor Betreten der Prayer Hall müssen sich Frauen (in einem Geschoss unter der Moschee) eine *ab-aya* ausleihen (Pass erforderlich). Drin-

Nicht nur von außen beeindruckend: die Kuppel des Emirates Palace

nen bedeckt ein mehr als 5000 m² großer, in Iran handgeknüpfter Teppich den Boden; der in vielen Farben gestaltete 15 m hohe Kronleuchter mit 2 Mio. Swarovski-Kristallen wurde in Deutschland hergestellt. *Sa–Do 9–22, Fr 16.30–22 Uhr; kostenlose Führungen auf Englisch So–Do 10, 11, 17, Fr 17, 19, Sa 10, 11, 14, 17, 19 Uhr | Eintritt frei | Rashid al-Maktoum Road South | szgmc.ae | ⏲ 2 Std.*

EMIRATES PALACE ★ 🌡

Der orientalische Märchenpalast – Luxushotel, Konferenzzentrum und Regierungsgästehaus – liegt auf einem Hügel und ist umgeben von Wasserspielen und gewaltigen Parkanlagen. Das 800 m lange Gebäude wird von mit Blattgold verzierten Kuppeln gekrönt und von einem 1,3 km langen Strand eingerahmt.

Auch wer hier keinen Zimmerschlüssel besitzt, sollte einmal (in angemessener Kleidung) durch die mit vergoldeten Decken und Kristallleuchtern ausgestatteten Gänge und Hallen schlendern, den dezenten Duft nach Weihrauch wahrnehmen, Platz nehmen in einem der vielen Cafés. Kurz vor der Dämmerung ist dann das Licht für Außenaufnahmen vom Palast besonders gut: Vor den gewaltigen, zum Hotel führenden Freitreppen, zwischen Palmen, Brunnen und Fontänen machst du die besten Aufnahmen vom Hotel und dir. *West Corniche Road | mandarinoriental.com*

INSIDER-TIPP
Selfie mit Schloss

HERITAGE VILLAGE ★

In schöner Lage direkt am Meer werden traditionelle Handwerksstätten und -künste vorgeführt, u. a. Silberdolche, Lederartikel und Kupferwaren gefertigt. Ein Brunnen mit Kanälen demonstriert die Wasserversorgung: Ein Ochse fördert mit einer Schöpfvorrichtung Wasser in einem Ledersack zutage, das dann in mehrere Wasserläufe *(falaj)* geleitet wird. Im Nachbau eines historischen Souks mit einigen Palmblatthütten *(barasti)* werden Gewürze und Keramik verkauft. Kinder begutachten die Ziegen, Esel und Falken oder wagen einen Ritt auf einem der Kamele. Im kleinen Museum zu sehen: Beduinenkleidung, Schmuck, Waffen, Haushaltsgeräte und eine Ausstellung zur Perlentaucherei. Tagsüber wirkt das Village mitunter wie ausgestorben, an den Wochenenden und an Feiertagen kommen verstärkt auch die *locals*. Wolkenkratzer, ultra-moderne Hochhäuser und davor das Meer: **Vom Heritage Village hast du den besten Blick auf die gegenüber liegende Corniche.** *Sa-Do 9–16, Fr 15.30–21 Uhr | Eintritt frei | Breakwater Road | ab Corniche*

DER-TIPP *Skyline-Blick*

CORNICHE PARK

Die 7 km lange Promenade, die zwischen dem Sheraton Hotel im Nordosten und dem Hilton Hotel im Westen verläuft, ist ein einziger großer Park: Fußwege und Fahrradwege, tropische Blumen und Dattelpalmen, dazu Denkmäler, Brunnen, Wasserspiele und Fontänen. Hier kannst du mit Blick aufs Meer joggen oder in einem der schick gestylten Cafés einen Latte macchiato trinken. Nach Sonnenuntergang wird es recht voll, dann

sind Familien unterwegs, man trifft sich in den Restaurants auf eine Wasserpfeife. *Corniche Road*

QASR AL-HOSN

Überragt von spiegelnden Hochhäusern steht das Wahrzeichen der Vergangenheit: das 1793 erbaute Fort, das die Geschichte Abu Dhabis wie kein anderes Monument im Emirat verkörpert. Über zwei Jahrhunderte lebten in dem befestigten Palast die Generationen der Herrscherfamilie Al-Nahyan. Das von den Briten wegen seiner weißen Farbe auch als „White Fort", von den Einheimischen als „Old Fort" bezeichnete Gebäude wurde über viele Jahre umfassend restauriert. Sensible Restauration und eine spannende Präsentation (mit Filmen, eingespielten Geräuschen) bringen alles wieder zum Leben und inspirieren dazu, die vielen Räume in den diversen Flügeln zu durchstreifen. **Schau dir im Westflügel die drei Bereiche an, die einst den Frauen und heimlichen Herrscherinnen des Palastes vorbehalten waren.** *Fr 12–22, Sa-Do 9–19 Uhr | Eintritt 30 Dh | Al-Nasr Street | quasralhosn.ae | ⏱ 2 Std.*

INSIDER-TIPP *Spieglein, Spieglein an der Wand*

OBSERVATION DECK AT 300

Die fünf, sich wie Tänzerinnen einander zuneigende, teilweise über 300 m hohen und im postmodernen Stil erbauten *Etihad Towers* gehören zu den Architektur-Ikonen der Corniche. Im 74. Stockwerk von Turm 2, der als *Jumeirah Hotel* zu den Top-Adressen der

Stadt gehört, hast du von der dortigen Aussichtsplattform einen phantastischen 360-Grad-Rundblick über die Küste, die umliegenden Inseln und die Skyline der Stadt. Im angeschlossenen Café kannst du einen „High Tea" bestellen oder auch nur einen Drink genießen. *Tgl. 10–19 Uhr | Eintritt 95 Dh (davon 55 Dh als Verzehrgutschein) | Corniche West | Tower 2, Jumeirah Hotel | jumeirah.com | 45 Min.*

DHOW HARBOUR

Vor Anker liegen Fischerboote und das *Restaurantschiff Al-Dhafra*. Der *Iranian Souk* bietet Teppiche, Töpferwaren und Textilien und ist eine Fundgrube auch für landestypische Souvenirs; im *Afghan Carpet Souk* rollt man für dich gern die Teppiche aus. Und in der Al-Mina Street locken der *Fischmarkt (tgl. 7–22 Uhr | am Ende des Dhow Harbour)* sowie der *Obst- und Gemüsemarkt (tgl. 7–13 u. 16–19 Uhr | zwischen Al-Mina Street und Dhow Harbour).*

LOUVRE ABU DHABI ★

Phantastisch ist der vom Pariser Stararchitekten Jean Nouvel entworfene Museumsbau auf Saadiyat Island: hypermodern und gleichzeitig anknüpfend an die Wurzeln altarabischen Bauens. Durch eine offene, silberfarbene Kuppel von 180 m Durchmesser aus Stahl- und Aluminiumbändern, die scheinbar schwerelos über den einzelnen Galerien schwebt, fällt ein beständiger Lichtregen hinab auf die vielen Wasserbassins und 55 Einzelgebäude – quaderförmige, weiß ge-

tünchte Räume, die durch ihre Anordnung an eine arabische Medina erinnern, und die durch Gänge und Höfe miteinander verbunden sind. Der Blick auf das stahlgraue Meer ist allgegenwärtig und am museumseigenen Anleger machen Yachten von Einheimischen und VIPs fest.

So spektakulär wie die Museumsarchitektur ist auch die Ausstellung selbst, bei der Gemälde und Objekte aus unterschiedlichen Kulturkreisen und zeitlichen Epochen nebeneinander präsentiert werden. So reicht das Spektrum von Darstellungen aus der Zeit um 3000 v. Chr. bis zur „Fountain of Light" von Ai Weiwei. Angestellte weisen den Weg zum Rundgang durch die sparsam bestückten Ausstellungsräume. Drei nebeneinander aufgestellte Figuren mit der Überschrift „Mutter mit Kind" aus unterschiedlichen Kulturen zeigen das Konzept des ersten „Universalmuseums der arabischen Welt". Die Geschichte der Menschheit im neuen Licht sehen – nicht mehr, aber auch nicht weniger ist der Anspruch des Louvre Abu Dhabi.

INSIDER-TIPP
Bonbon inklusive!

Plan unbedingt noch Zeit ein, um dir die wechselnden und im Eintrittspreis bereits inbegriffenen Sonderausstellungen anzuschauen.

Jackson Pollock für Kiddies: in der Abteilung *Children's Museum* werden die Kleinen mit leichter Hand an Kunst herangeführt und haben jede Menge Spaß dabei. *Di–So 10–20, Do/Fr bis 22 Uhr | Eintritt 63 Dh, 13–22 Jahre 30 Dh | Saadiyat Island | Cultural District | louvreabudhabi.ae | 3 Std.*

Antike Schätze im Louvre Abu Dhabi: eine griechische Sphinx

YAS MARINA CIRCUIT ⭐

Kronjuwel des 32 km² großen *Yas Island* ist der Austragungsort für den „Großen Preis von Abu Dhabi" im November, zur großen Freude der autoverliebten *nationals*. Nicht ohne Grund: Auf der weltweit teuersten Formel-1-Rennstrecke findet der einzige Grand Prix statt, der tagsüber startet und in der Nacht endet. Gewaltige, 40 m hohe Flutlichtmasten leuchten dann jeden Winkel der Strecke taghell aus.

Sei am besten am nachmittags unterwegs, um den *circuit* am Yachthafen, die fünf Tribünen und Zigtausenden von Blumen und Palmen zu betrachten. Auf der Strecke ist immer was los, denn es finden das ganze Jahr über Rennen (wie z. B. Porsche Mobil 1 Supercup) und Aktivitäten (Marathonlauf, Fahrradrennen) statt. Alternativ buchst du eine geführte Tour, die dich auch hinter die Kulissen führt. Anschließend muss es das *W Abu Dhabi* sein: ein futuristisches Luxushotel im Raumschiff-Look mit zwei Gebäudeteilen und einer Verbindungsbrücke über den Marina Circuit, im Innern so bunt wie eine Tüte Haribo-Konfekt. Wie wäre es auf der Terrasse der *W Lounge* (du solltest zuvor reservieren) mit einem kühlen Drink in einer der drei Bars, Musik vom DJ und Blick auf die blau leuchtende Rennstrecke? Ziemlich abgefahren diese Szenerie! Anschließend lockt der Bummel über die angrenzende *Yas Marina*, in der millionenschwere Yachten liegen. Kein Wunder, dass die Restaurants und Cafés da nicht nachstehen, sogar ein „Cipriani" gibt es hier, Ableger der legendären venezianischen Kult-Bar. *Führungen Di–Sa 10–12 u. 14–16 Uhr | Ticket 130 Dh | Yas Island | yasmarina circuit.com*

FALCON HOSPITAL

Frau Doktor kommt aus Bayern: 4000 Patienten behandelt Margit Müller mit ihrem Team jährlich im Falkenhospital. Einen Einblick gibt eine Tour, bei der Besucher auch das klinikeigene Museum der Falknerei kennenlernen. *Sa–Do 8–17 Uhr (nur nach vorheriger tel. oder Online-Anmeldung) | 170 Dh, Kinder 60 Dh | Sweihan Road km 3 (in der Nähe des Flughafens) | Tel. 02 5 75 51 55 | falconhospital.com*

ESSEN & TRINKEN

CAFE ARABIA

Untergebracht in der weißen, dreistöckigen Stadtvilla eines Kunstliebhabers trifft man sich hier zwischen Regalen voller Bücher, Gemälden und Fotografien in diversen Salons ganztags zum Frühstück wie auf einen schnellen Cappuccino. *Tgl. | Villa Nr. 637 | 15th Street, Airport Road (gegenüber Al Mushrif Children's Park) | Tel. 02 6 43 96 99 | Facebook: cafe arabia | €€*

BHAVNA

INSIDER-TIPP
Dosas – was sonst?!

Das einfache vegetarische Lokal bietet köstliche Gujarat-Küche. ==Lecker und günstig obendrein sind die indischen Frühstücksgerichte,== z. B. Mysore Masala Dosa oder Poori Bhaji. *Tgl. 7–23 Uhr | Al Markaziyah Street 16 | Tel. 02 6 33 43 42 | €*

STRATOS

Im Drehrestaurant in 120 m Höhe behält man bei internationaler Küche den Überblick; beliebt zum Friday Brunch. Preiswerte Lunch-Angebote *Tgl. | Hotel Le Royal Méridien | 26th Floor | Sheikh Khalifa Bin Zayed Street | Tel. 02 6 95 04 90 | stratosabudhabi. com | €€€*

AL-DHAFRA RESTAURANT

Restaurant in orientalischem Dekor mit arabischer Küche und vielen Meeresspezialitäten. Büfett und Präsentation von Fisch zum Selbstwählen. *Tgl. | Al-Mina | zwischen Iranian Market und Fish Market | Tel. 02 6 73 22 00 | €€*

BUTCHER & STILL

Ausflug ins Chicago der 1920er-Jahre. Hier kommt man her, wenn es ein gutes Steak sein muss. Zum Ribeye wie zum Wagyu gibt es *mashed* oder *baked potatoes* und diverse weitere Beilagen – einfach, aber auf höchstem Geschmacksniveau. Die Desserts sind so üppig, dass man sie sich teilt. *Tgl. | Four Seasons Hotel at Al Maryah Island | Abu Dhabi Global Market Street | Tel. 02 3 33 22 22 | fourseasons.com | €€€*

TURTLE BAY BAR & GRILL

Auf dem Holzdeck neben dem weißen Saadiyat Beach: Ob Spaghetti alle Vongole oder nur ein Salat – hier schmeckt es unglaublich gut und obendrein genießt du die nahezu karibische Atmosphäre. ==Als Dessert gibt es anschließend ein Bad im Meer.== Und später vor Sonnenuntergang den Cocktail des Tages! *Mo–Sa 12–22.30 Uhr | Saadiyat Rotana Resort & Villas | Saadiyat Island | Tel. 02 6 97 00 00 | de.rotana.com/rotana hotelandresorts | €€€*

INSIDER-TIPP
Badehose einpacken

SHOPPEN

MARINA MALL 🌡

Unter dem weißen Zeltdach liegen fünf lichtdurchflutete Etagen mit über 400 Läden, Dutzenden von Restaurants und Cafés, teilweise auch mit Terrassen und Blick auf Abu Dhabis Skyline. Im Untergeschoss findest du einen französischen Carrefour-Supermarkt und günstige Verkaufsstände für Tücher und Modeschmuck. Zur Mall gehört ein 100 Meter hoher Aussichtsturm, zu dem es mit Aufzügen hoch geht, auch ein Drehrestaurant gibt es dort. Einen super Blick auf das Emirates Palace Hotel und den Präsidentenpalast hast du auch vom Riesenrad *Marina Eye Ferris Wheel,* das neben der Mall steht. *Sa–Mi 10–22, Do/Fr 10–24 Uhr | Breakwater, ab West Corniche Road | marinamall.ae*

SOUK AT CENTRAL MARKET

Im einstigen historischen Soukviertel schufen die Architekten eine Meisterleistung. Neben der stilvollen World Trade Center Mall entstand völlig neu ein Souk als Synthese aus 21. Jh. und altarabischen Bauelementen. Traditionelle arabische Holzgitter *(mashrabiya)* strukturieren in modernen geografischen Mustern das Betongebäude, ein offener Fahrstuhl wird zum mechanischen Wunderwerk. Das Angebot? Auf orientalisch getrimmtes Kunsthandwerk, z.T. made in Fernost. Der Scheich trägt Weiß und ist ein Salzstreuer, die Sheikha in Schwarz ist fürs Pfeffern zuständig, beide sind aus Porzellan und kosten wenige Dirham. Peinlich, witzig – oder beides? *Tgl. 9–2 Uhr | Airport Road/Hamdan Street | wtcad.ae*

INSIDER-TIPP
Skurriles Souvenir

Gewürze neben Winterdeko in der World Trade Center Mall

MADINAT ZAYED SHOPPING MALL

Kleine, günstige Läden, die keiner Kette angehören, mehrere Kaufhäuser und ein eigener Gold-Souk ziehen Besucher auf Schnäppchen-Jagd an. *Tgl. 9–23 Uhr | Eastern Street (4th Street) | madinatzayed-mall.com*

GALLERIA AL MARYAH

Klein und fein: Abu Dhabis neueste Mall bietet nicht nur über hundert der bekanntesten Nobelmarken und Designerläden, sondern auch die Möglichkeit, am Wasser zu promenieren und die Aussicht über den Hafen und die Stadt zu genießen. Bei einem Drink auf der Terrasse des *Café Milano*

INSIDER-TIPP
Macchiato mit Blick

(im Four Seasons Hotel) verbindest du Shopping mit einem Traumblick aufs spiegelnde Meer. *Sa–Mi 10–22, Do/Fr 10–24 Uhr | Hamouda Bin Ali Al Dhaheri Street | thegalleria.ae*

STRÄNDE

Zum breiten und nahezu weißen Sandstrand des *Corniche Public Beach (Corniche West)* führen gleich mehrere Eingänge, empfehlenswert sind die gegen Gebühr *(10 Dh)* zugänglichen Gates 1–3 (Frauen und Familien) bzw. 4–6 (auch männliche Singles) mit Sonnenliegen und *life guards*.

Helle, feinsandige Dünen und ein nahezu karibisch leuchtendes Meer: Schönere Strände als auf Saadiyat Island gibt es nirgendwo in den Emiraten. Glasklares Wasser und weiße Sanddünen sind das Markenzeichen

des 9 km langen, unter Naturschutz stehenden ⭐ *Saadiyat Beach*, an den nachts Karettschildkröten zur Eiablage kommen. Im 400 m langen ⟨ *Saadiyat Public Beach (Eintritt 5 Dh)* kannst du die Atmosphäre stilvoll genießen.

SPORT & SPASS

KHALIFA PARK

Etwas in die Jahre gekommener Lieblingspark vieler Einheimischer. Kinder mögen die Mini-Eisenbahn und das *Maritime Museum*, in dem man mit kleinen

INSIDER-TIPP
Besichtigur mit Gonde

Wagen auf einer Entdeckungsreise zu den Ursprüngen des Emirats geführt wird. Anschließend betrachtet man die Meeresschildkröten im großen Aquarium. *Tgl. 10–22.30 Uhr | Eintritt 5 Dh | Eastern Ring Road | hinter dem Al-Bateen City Airport | Al-Matar*

FERRARI WORLD 👥

Großen Thrill bringt die *Flying Aces* genannte Achterbahn mit einem supersteilen, 52 m hohen Looping. Klassiker der rund zwei Dutzend Attraktionen rund um Ferrari ist die Formula Rossa, die schnellste Achterbahn der Welt, die dank ihrer Beschleunigung von 0 auf 240 km/h in 4,9 Sekunden ein echtes Formel-1-Erlebnis verschafft – falls einem nicht übel wird! *Tgl. 11–20 Uhr | E10 Ausfahrt Yas West | Yas Island | Eintritt ab 3 J. 295 Dh | ferrari worldabudhabi.com*

YAS WATER WORLD 👥

Der Weg ins Becken führt durchs Schlangenmaul: Einer der schönsten

Parks der VAE mit aufregenden Wasserrutschen, künstlichen Flussströmungen und Wellenpools zum Surfen (lernen). *Tgl. 10–17, März–Mai bis 19, Juni–Aug. bis 20 Uhr | Eintritt 250, Kinder 175 Dh | Yas Leisure Drive, gegenüber Ferrari World | Yas Island | yaswaterworld.com*

AUSGEHEN & FEIERN

Die besten Bars und Clubs findest du in den Luxushotels, mitunter mit grandioser Aussicht auf die Skyline und das Meer. ==Schau nach== **MARCO POLO DER-TIPP / inks für lau** bei *Time Out Abu Dhabi (timeoutabudhabi.com)*, ==an welchen Tagen welche Adressen kostenlose Drinks und Snacks offerieren.== Mittlerweile gibt es nicht mehr nur die wöchentliche Ladies Night, sondern auch eine gratis Gents Night.

RAY'S BAR

Durch die bodentiefen Fenster in der 62. Etage überblickst du Corniche und Skyline der Stadt, und obwohl die Skybar bis in die frühen Morgenstunden geöffnet hat, trifft man sich am liebsten bereits vor dem Sonnenuntergang zur täglichen Happy Hour (*18–20 Uhr*). *Corniche West | Hotel Jumeirah at Etihad Towers | jumeirah.com*

MAD ON YAS ISLAND

Abu Dhabis heißester Club: In der Szene bekannte DJs legen auf, das Soundsystem ist mega-stark, die Lasershow beeindruckend und die Gäste international. *Do–Sa 23–4 Uhr |*

Rasante Farbenspiele: schwarze Schleier in der roten Ferrari-World

Nähe Yas Tunnel, Yas Leisure Drive | Yas Island | madonyasisland.com

RUND UM ABU-DHABI-STADT

■ LIWA-OASEN ★

230 km / 2 ½ Std. (Auto) von Abu-Dhabi-Stadt

Umgeben von Wüste und hohen, golden glänzenden Sanddünen, so weit

Porträt von Sheikh Zayed
im Al-Ain Palace Museum

um die Einsamkeit und Schönheit der arabischen Wüste hautnah zu erleben (s. Erlebnistour 4, S. 126).

Mittendrin in diesem Meer aus Sand lohnt das Luxusresort Qasr al-Sarab eine Einkehr. Schon die Annäherung auf einer gut ausgebauten und geteerten Piste, flankiert von Wüstendünen, ist beeindruckend. Wie ein traditionelles orientalisches Fort mit Zinnen, Erkern und Terrassen empfängt das lehmfarbene Bauwerk, das beim Näherkommen wie ein ganzes Dorf aussieht. **INSIDER-TIPP Auf einen Chai** Gönn dir ein Glas Tee und lokale Patisserien im *Al Liwan* (1 Qasr al-Sarab Road | Hanim | Tel. 02 8 86 20 88 | qasralsarab.anantara.com | €€€), der arabisch gestalteten Lounge mit tollem Blick auf die Wüste. *E–G 9–10*

2 SIR BANI YAS ⭐

250 km / 3 Std. mit dem Auto von Abu-Dhabi-Stadt, dann 10 Min. Überfahrt mit der Fähre

8 km gegenüber der Halbinsel Jebel Dhanna wurde die 87 km² große Insel Sir Bani Yas als Wildlife Reserve eingerichtet. Die ältesten Siedlungszeugnisse sind 2000 Jahren alt, im 7. Jh. war Sir Bani Yas von Christen bewohnt, die hier sogar eine Kirche erbauten. Mangroven, Steppe, Busch und Süßwasserteiche ergänzen die Wüstenlandschaft, die von den 150 m aufragenden Hügel unterbrochen wird. Spektakulär war das von Sheikh Zayed durchgeführte Projekt zur Begrünung der Insel: Etwa 3 Mio. Pflanzen und Bäume wurden gepflanzt. Besucher teilen sich die Einsamkeit mit knapp

das Auge reicht: Die Liwa-Oasen, eine Ansammlung von etwa 40 Dörfern erstrecken sich von Ost nach West über 100 km bogenförmig am Rand der legendären großen Wüste Rub al-Khali („Leeres Viertel").

Die Oasen wurden seit dem 16. Jh. vom Stamm der Bani Yas bewohnt und in den 1940er-Jahren vom legendären britischen Entdeckungsreisenden Wilfred Thesiger („Die Brunnen der Wüste") besucht. Obwohl heute ein Großteil der Bewohner aus Asien stammt, moderne landwirtschaftliche Maschinen die Arbeit in den Dattelplantagen und den zahlreichen Gemüsefeldern erleichtern, herrscht in den abgeschiedenen Oasen (ca. 20 000 Ew.) eine etwas altertümliche Atmosphäre. Die Liwa-Oasen sind deshalb der beste Ort in den Emiraten,

15 000 Gazellen sowie Giraffen, Strauße, Zebras und einer Handvoll äußerst scheuer Geparden, die Sheikh Zayed auf seiner einstigen Privatinsel ansiedelte. Heute kommen auch Kreuzfahrtpassagiere, um auf einem privaten Strandabschnitt zu relaxen, und es wurden drei traumhaft schöne Boutiquehotels errichtet. Tagesbesucher, die mit der Fähre anreisen, können auf Sir Bani Yas Mountainbike-Touren, Inselrundfahrten und Safari-Touren im Welcome Centre buchen. *C6*

AL-AIN

(*K6*) **Die alte Oasenstadt (620 000 Ew.) mit eindrucksvollen Palmenplantagen am Fuß des Jebel Hafeet (1348 m) ist das kulturgeschichtliche Herz des Emirats. Die Unesco-Welterbestätte gehört zu den am längsten dauerhaft bewohnen Siedlungen der Menschheit.**

Noch in den 1970er-Jahren bestand Al-Ain, Geburtsort von Sheikh Zayed,

WOHIN ZUERST?

Von Dubai oder Abu Dhabi kommend fährst du mit dem Auto über die Khalifa Bin Zayed Street rechts in die Al-Ain Street zum **Clock Tower**. Dort parkst du und gehst über die Al-Ain Street zum Al-Ain Palace Museum. Quer durch die alte Al-Ain Oasis gelangt man dann zum Al-Ain Fort und zum National Museum.

nur aus einer Handvoll Dörfern, die sich um die Quellen gruppierten und deren Bewohner vom Ertrag der Dattelpalmen lebten. Heute werden die bronzezeitlichen Siedlungen der Umgebung erforscht, studieren junge Emiratis an der UAE University, und die moderne Stadt hat sich ganz dem Tourismus geöffnet.

SIGHTSEEING

AL-JAHILI FORT

Zinnen, zwei gewaltige Rundtürme und ein mächtiges Holztor: Die größte Fortanlage der Stadt wurde von Sheikh Zayed Bin Khalifa 1898 errichtet. Der Hauptturm erhebt sich in vier Ebenen, die sich nach oben verjüngen. 1918 kam in dem Fort Sheikh Zayed zur Welt, das 2004 verstorbene charismatische Staatsoberhaupt der VAE, dessen Porträt in Al-Ain überall zu sehen ist. Das Fort zeigt auch eine Fotoausstellung der Arbeiten von Wilfred Thesiger, dem britischen Entdeckungsreisenden, der ab 1945 die große arabische Sandwüste Rub al-Khali durchquerte. *Sa/So, Di–Do 9–17, Fr 15–17 Uhr | Eintritt frei | Al-Ain Street | Al-Jahili*

AL-AIN PALACE MUSEUM

Ein ehemaliger Palast der Herrscherfamilie wurde restauriert und erweitert und dient im Wesentlichen der Dokumentation des Lebens und der Familie von Sheikh Zayed. Ein großes Diwaniya-Zelt lädt zu Kaffee und Datteln. *Di–So 8.30–19.30, Fr 15–19.30 Uhr | Eintritt frei | 118th Street (Sanaya Road) | Al-Mutawaa | ⏱ 45 Min.*

AL-AIN NATIONAL MUSEUM ★

Das beste und bedeutendste Museum der Oase: Ein einzigartiger Schatz sind die 5000 Jahre alten Hili-Exponate. Wer sich aus Zeitgründen zwischen archäologischer Ausgrabungsstätte (s. S. 57) und Museum entscheiden muss, sollte Letzteres vorziehen. Neben dem Al-Ain Fort gelegen, verwahrt das moderne Museum die Fundstücke aus der Bronzezeit bis in die islamische Gegenwart aus dem Hili Archaeological Park und dem Jebel Hafeet. Du siehst auch ethnografische Exponate, Beduinenschmuck und Fotos zur Entwicklung der Erdölförderung. Eher kurios muten die ausgestellten Staatsgeschenke an den 2004 verstorbenen Sheikh Zayed an. *Di–Do, Sa/So 8.30–19.30, Fr 15–19.30 Uhr | Eintritt 3 Dh | Zayed bin Sultan Street/ nahe Murabba R/A |* ⏱ *1 ½ Std.*

SULTAN BIN ZAYED FORT

Neben dem National Museum liegt das Fort (auch Sultan Fort und Eastern Fort genannt), das 1910 von Sheikh Sultan al-Nahyan (dem Vater des ersten Präsidenten der VAE, Sheikh Zayed) erbaut wurde. Es ist von quadratischer Form mit Rundtürmen und bestand ursprünglich aus sonnengetrockneten Lehmziegeln. Einige Räume des restaurierten Forts dienen als Museum, der Hof wird für Veranstaltungen genutzt. *Di–Do, Sa/So 9–17, Fr 15–17 Uhr | Eintritt frei | Zayed bin Sultan Street/nahe Murabba R/A*

AL-AIN OASIS ⚑

Dichte Palmengärten, in denen das Wasser in steinernen *falaj*-Kanälen zu den Feldern gelenkt wird, verbreiten in der Oase neben dem Eingang zum National Museum eine friedliche Atmosphäre. Ein Netz von Wegen, an denen u. a. kleine Moscheen aus Lehm liegen, erschließt das Gebiet, dessen Gemüsefelder und Palmenhaine von niedrigen Mauern umschlossen sind. Die Beschaulichkeit, die üppige Vegetation und ein Hauch

Keramiken aus vorislamischer Zeit und vieles mehr: Al-Ain National Museum

von Nostalgie, der über der Oase liegt, begeistern jeden Besucher. *Zentrum*

HILI ARCHAEOLOGICAL PARK

Der Park, auch *Hili Gardens* genannt, wurde um eine restaurierte Grabanlage aus der Zeit um 2700 v. Chr. *(Hili Tomb)* angelegt. In seiner Umgebung liegen mehrere antike Gräber und die Reste einer bronzezeitlichen Siedlung. Die Sensation ist jedoch nach wie vor das *Grand Tomb*, das mehr als vier Jahrtausende alt ist und einen Durchmesser von 10 m aufweist. Es ist eines der letzten Überbleibsel der mysteriösen Umm al-Nar-Kultur, die zwischen 3000 und 2000 v. Chr. erstmals in der Region eine größere Zivilisationsepoche begründete. Hier in Hili war der Mittelpunkt der untergegangen Kultur. Die Fundstücke siehst du im *National Museum* (s. S. 56). *Sa–Do 16–23, Fr 13–23 Uhr | Eintritt frei | Arz al-Bahar Street | ab Mohammed Bin Khalifa Road (10 km nördl. Ri. Dubai) | ⏱ 45 Min.*

AL-QATTARA ARTS CENTRE

Das restaurierte Fort mit seinem großen Innenhof beherbergt heute ein Kunstzentrum mit Galerie: Zeichnungen, Gemälde, Töpferwaren, Fotografien. Komm wenn möglich an einem Freitag, dann begegnest du jungen, lokalen Künstlern, und auch im kleinen, angeschlossenen Bazar herrscht dann mehr Betrieb. *Sa–Do 8–20 Uhr | Eintritt frei | Al-Qattara Oasis*

AL-AIN ZOO 🎭

Der schönste und größte Zoo der Emirate ist schon allein wegen seiner Ge-

staltung einen Besuch wert. Zwischen Savannengras, Palmen und großen Teichen leben auf 850 ha Tausende von Tieren, darunter Löwen, Antilopen, Krokodile, Gorillas und riesige Schildkröten. Im an- geschlossenen *Safari Park (alainzoo.ae/en/ en-safari)* kannst du

INSIDER-TIPP
Out of Africa

mit den Rangern auf eine Tour im Geländewagen *(1050 Dh)* gehen. Günstiger wird es im Safari-Truck *(210 Dh)*, einem Bus, in dem du mit weiteren Passagieren unterwegs bist. Nur Nashörnern und Flusspferden wirst du auf dieser Safari nicht begegnen, dafür jeder Menge Löwen und Zebras. Für Kinder gibt's im Theater eine 🎭 Flugschau *(bird show)* mit Falken und Geiern, außerdem witzige Vorführungen mit Mäusen und Kaninchen. *Tgl. 9–20 Uhr | Eintritt 30 Dh, Kinder 10 Dh | Zoo R/A, Zayed Al-Awwal/Nahyan Al-Awwal Street | alainzoo. ae | ⏱ 3 Std.*

CAMEL MARKET ⭐ 🐪

Es riecht streng nach Kamelen, die auf dem großen Gelände in umzäunten Gehegen gehalten werden. Auf dem letzten großen Kamelmarkt der Vereinigten Emirate werden keine teuren Renn-, sondern Schlacht-, Milch- und Zuchtkamele verkauft. Eine Kostprobe Kamelmilch gibt's gegen ein Trinkgeld. Auch kleine Kamele kannst du hier sehen. Die Stimmung ist derb-freundlich, wenn du fotografieren möchtest, bitte besser vorher um Erlaubnis und gib den pakistanischen Betreuern ein Bakschisch. *Tgl. 6–19 Uhr | Eintritt frei |*

Camel Market: In derb-freundlicher Atmosphäre wechseln Kamele den Besitzer

Meyzad Road (Street 137) | hinter der Bawadi Mall (15 km südöstl. des Zentrums)

ESSEN & TRINKEN

AL-FANAR RESTAURANT & CAFÉ
Ob *machboos deyay* (Huhn mit Reis, arabisch gewürzt) oder *legaimat* (frittierte Teigbällchen mit Dattelsirup): Hier serviert man in nostalgischer Oasen-Atmoshäre einheimische Gerichte. *Tgl.* | Souk Al-Zaafarana | Awwal Street/130th Street | Al-Jimi | Tel. 03 7 66 52 00 | €€

GOLDEN FORK
Erfrischungshandtuch zur Begrüßung, Suppe und Wasser gehören zum „Programm", dazu bestellt man aus der philippinischen Speisekarte z. B. Gemüse süß-sauer oder gegrillte Meeresfrüchte. Billig und gut, und im ersten Stock gibt es eine Internetecke. *Tgl.* | Khalifa Street | Tel. 03 7 84 95 67 | €

MIN ZAMAN
Bauchtanz und arabische Musik zum arabisch-libanesischen Essen, legendär ist die Vielfalt der angebotenen Vorspeisen – und auch die Cocktails sind nicht zu verachten. *Tgl.* | Al-Ain Rotana Hotel | Sheikh Zayed Road | Tel. 03 7 03 10 71 | rotanatimes.com | €€

SHOPPEN

SOUK AL-ZAAFARANA
Hier trifft man Einheimische auf der Suche nach traditionellen Kleidungsstücken, Gewürzen, Duftharzen, Henna, arabischen Kaffeekannen und Ähnlichem. Zum Bereich „Mubdia Village" haben nur Frauen Zutritt. *So–Do 9–23.30, Fr 14–22.30 Uhr* | Awwal Street/130th Street | Al-Jimi

SOUK AL-QATTARA
In einem Laden wird *khobuz*, traditionelles Fladenbrot, zubereitet, in einem anderen werden Tonkrüge gefer-

tigt und bestickte Kaftane: Wo früher die Großeltern einkauften, staunen heute die Enkel über den authentisch restaurierten Souk. *Tgl. 18–23 Uhr | Al-Qattara Oasis*

SPORT & SPASS

WADI ADVENTURE

Ein toll gestalteter Wasserpark in der gebirgigen, beeindruckenden Umgebung des Jebel Hafeet. Highlight des Parks sind die 3 m hohen künstlichen Wellen zum Surfen und „echt" sieht auch der Aquamarinblau schimmernde, von Stromschnellen durchsetzte Wasserweg aus, der mit Kajaks und Schlauchbooten befahren wird. Wenn dir nicht nach Action ist, relaxe am „Beach" oder besuche eines der Cafés. *Tgl. 11–18 Uhr | Eintritt 65 Dh, Kinder unter 1,20 m 45 Dh, Surfen 175 Dh/60 Min., Rafting 125 Dh/60 Min. | wadiadventure.ae | ⫘ K6–7*

RUND UM AL-AIN

❸ JEBEL HAFEET

15 km / 20 Min. (Taxi) von Al-Ain
Typisch Emirate: Eine 12 km lange, dreispurige, perfekt ausgebaute Straße, die sich in 60 Serpentinen auf den 1348 m hohen Jebel Hafeet, den höchsten Berg von Abu Dhabi windet. Kein Wunder, dass der Gipfel ein angesagtes Ausflugsziel ist. Gleich neun große Parkplätze passierst du auf dem Weg nach oben, denn nicht erst am

Gipfel ist die Aussicht auf das im Schachbrettmuster angelegte Al-Ain und die umliegenden Berge grandios. Auf dem Plateau ist es beständig um die sechs bis acht Grad kälter als im Tal, in einem Kiosk gibt es Getränke und Snacks. Die *nationals* zieht es zu den Palmen, Pools und der Minigolfanlage, die das auf dem Gipfel thronende Hotel Mercure Grand Jebel Hafeet umgeben. Nimm Platz auf der Terrasse des Hotel-Restaurants: Höher und aussichtsreicher gibt's den Papaya-Smoothie nirgends. Wenn du dann wieder ins Tal fährst, wunderst du dich über die mit unzähligen Lampen taghell erleuchtete Strecke. Auch das: typisch Emirate! *⫘ K6–7*

INSIDER-TIPP
Sundowner in der Höhe

SCHÖNER SCHLAFEN IN ABU DHABI

KEINE FATA MORGANA

Eine Unterkunft, die der Landschaft in nichts nachsteht, bietet das *Qasr al-Sarab (205 Zi. | 1 Qasr al Sarab Road | Hanim | Tel. 02 8 86 20 88 | qasralsarab.anantara.com | €€€)*. Einzigartig sind die Lage inmitten von Sanddünen und die Gestaltung, die an ein historisches Wüstenhotel im arabischen Stil erinnert. Hier relaxt du im tollen Anantara Spa und kannst dich in der Loungebar mit Blick auf die Sanddünen wie Lawrence von Arabien fühlen, zwischendurch unternimmst du Wüstentouren mit Jeep und Kamelen, genießt Wanderungen bei Sonnenaufgang.

DUBAI

SUPERLATIVE IM ÜBERMORGENLAND

Sieben-Sterne-Hotels, das höchste Bauwerk der Welt, die größte künstlich geschaffene Marina der Welt, der größte Wasserpark: Auf der Jagd nach neuen Rekorden avancierte das Emirat selbst zu einer Art Weltwunder.

Das extravaganteDubai (2,2 Mio. Ew.) ist nicht nur Handels- und Wirtschaftszentrum des Nahen Ostens, Drehscheibe für Waren, Finanzen und Dienstleistungen, sondern auch Top-Ziel für Touristen aus aller Welt. Längst haben die Einnahmen aus dem internationa-

Das höchste Gebäude der Welt: Burj Khalifa

len Fremdenverkehr die Abhängigkeit vom Öl beendet. Mit der Aufschüttung künstlicher Inseln im Arabischen Golf und wahnwitzigen Bauprojekten im Meer, in der Stadt und in der Wüste macht Dubai weltweit von sich Reden. Multikulturell ist das Emirat heute in besonderer Weise: In Dubai leben Menschen aus mehr als 120 Nationen. Mit einem Anteil von nur 8 Prozent stellen die stolzen Einheimischen heute eine Minderheit im eigenen Land dar. Weitere Informationen im MARCO POLO Band „Dubai".

DUBAI

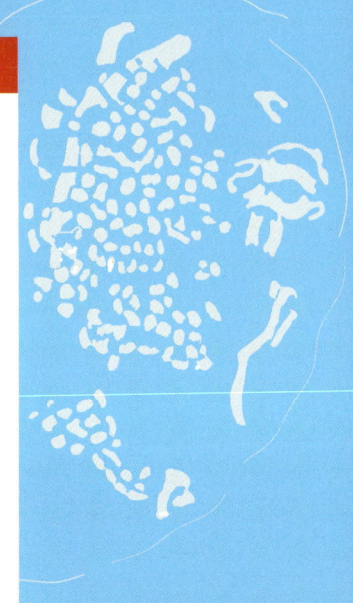

MARCO POLO HIGHLIGHTS

★ **AL-FAHIDI HISTORICAL NEIGHBOURHOOD (BASTAKIYA)**
Dubais historisches Viertel ist ein Gesamtkunstwerk ➤ S. 64

★ **DUBAI MUSEUM**
Dubais Geschichte, gezeigt im alten Herrscherpalast ➤ S. 65

★ **BURJ KHALIFA**
Das höchste Bauwerk der Welt – nicht nur von außen zum Staunen ➤ S. 65

★ **BURJ AL ARAB**
Monument im Meer und Dubais Wahrzeichen ➤ S. 66

★ **THE PALM JUMEIRAH**
Dubais teuerste Adresse: die künstliche Palmeninsel ➤ S. 66

★ **AQUAVENTURE**
Der aufregendste Wasserpark am Arabischen Golf ➤ S. 69

ARABIAN GULF

Kite Beach

Jumeirah Street
Al Beteel Stre

6 Burj Al Arab ★

Al Yazzi S.
Al Wasl Road

Souk Madinat Jumeirah

19a Stree

Aquaventure ★

Mall of the Emirates

Un

Palm Jumeirah Frond D.S.

Al Sufin Frond M.S.

Al Badh

7 The Palm Jumeirah ★

King Salman Bin Abdulaziz Al Saud Street

H. Omran Taryam Street

Abdullah

Hessa

Road

Road

Sheikh Zayed Road

Street

First Al Khali Street

23rd Street

29th Road

2 km
1.24 mi

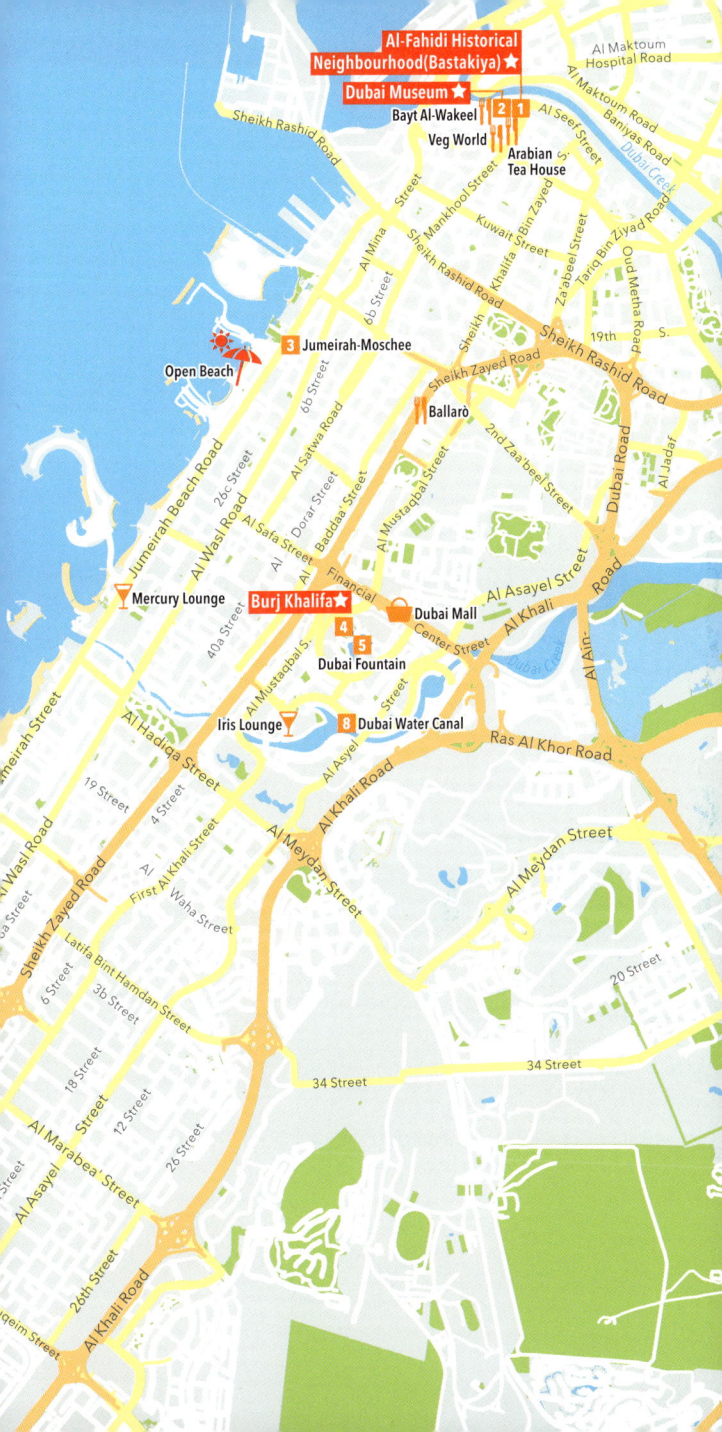

Al-Fahidi Historical Neighbourhood(Bastakiya) ★

Dubai Museum ★

Bayt Al-Wakeel

2 **1**

Veg World

Arabian Tea House

Al Maktoum Hospital Road

Al Maktoum Road

Al Seef Street

Baniyas Road

Dubai Creek

Sheikh Rashid Road

Al Mina

Al Makhool Street

Sheikh Rashid Road

Sheikh Khalifa Bin Zayed

Kuwait Street

Zaabeel Street

Tariq Bin Ziyad Road

Oud Metha Road

6b Street

Sheikh

19th

S.

3 Jumeirah-Moschee

Open Beach

6b Street

Sheikh Zayed Road

Sheikh Rashid Road

Dubai Road

Al Jadaf

Al Satwa Road

Ballarò

2nd Zaa'beel Street

Al Wasl Road

2c Street

Dorar Road

Al Safa Street

Baddaa Street

Al Mustaqbal Street

Jumeirah Beach Road

Financial

Mercury Lounge

40a Street

Al

Burj Khalifa ★

Dubai Mall

Al Asayel Street

Al Khali

Dubai Road

Center Street

Al Ain

4

5

Dubai Creek

Al Mustaqbal S.

Dubai Fountain

Street

Ras Al Khor Road

Iris Lounge

Al Hadiqa Street

8 Dubai Water Canal

Al Asayel

Al Khali Road

meirah Street

19 Street

4 Street

Al Meydan Street

Al Meydan Street

20 Street

Al Wasl Road

First Al Khali Street

Al Waha Street

Sheikh Zayed Road

oa Street

Latifa Bint Hamdan Street

6 Street

3b Street

18 Street

Street

12 Street

26 Street

34 Street

34 Street

Al Marabea' Street

Al Asayel Street

26th Street

Al Khali Road

iqeim Street

DUBAI-STADT

(🗺 J4) **Shoppingmalls, Strände und künstliche Inseln: Der historische Handelshafen am Creek wuchs zur größten Stadt der VAE, zum glamourösen internationalen Urlaubsziel.**

Arabische Souks und edle Shoppingmalls verführen zum Einkaufen, über den feinsandigen Stränden strahlt die Sonne das ganze Jahr. Dabei ist Dubai nicht gleichbedeutend mit teuer: Für jeden Geldbeutel gibt es das passende Hotel, um die dynamische Stadt und deren enorme Vielfalt zu erleben. Wenn du dich am Creek, der traditionellen Lebensader Dubais, aufhältst, scheint sich nicht viel verändert zu haben: Dickbäuchige Dhaus, schwer beladen aus Iran und Indien kommend, liegen vertäut vor der Al-Khor Corniche, Dubais Uferpromenade. Südlich des Meeresarms liegt Bur Dubai mit dem historischen Fort und Emirpalast, nördlich Deira mit einer Mischung aus modernen Hochhäusern und älteren Bauwerken sowie zahlreichen orientalischen Souks. Brücken und Tunnel verbinden die Stadtteile. Nach Süden zieht sich die Sheikh Zayed Road mit architektonisch ausgefallenen Wolkenkratzern, während die am Strand verlaufende Jumeirah Road mit ihren luxuriösen Strandhotels die Domäne der Touristen ist. Hier erhebt sich das *Burj-Al-Arab-Hotel*, das teuerste Hotel der Welt, das noch vor einigen Jahren als kühnstes Bauprojekt Dubais galt. Der *Burj Khalifa* ist (noch) das höchste Bauwerk der Erde, zusammen mit der *Dubai Mall* und dem an eine altarabische Dhau erinnernde *Dubai Opera House* bildet er das Zentrum des neuen Downtown Dubai. Gegenwärtig entstehen ganze Stadtviertel neu, u. a. Dubai Creek Harbour, in dessen Zentrum schon am *The Tower* gebaut wird, ein Megaturm, der höhenmäßig den Burj Khalifa übertreffen wird.

SIGHTSEEING

1 AL-FAHIDI HISTORICAL NEIGHBOURHOOD (BASTAKIYA) ★

Auf der Südwestseite des Creeks in Bur Dubai liegt Bastakiya, Dubais ältestes Viertel. Herrlich traditionell: In Ockergelb und hellem Braun leuchten die zweistöckigen Windturmhäuser mit wuchtigen Holztüren und hölzernen Fenstergittern. In kleinen Läden werden Weihrauch, Duftöle, Antiquitäten, Kunsthandwerk und Souvenirs verkauft. Um 1900 errichteten hier Händler aus Persien ihre Häuser aus Korallenkalkstein, heute allesamt prächtig restauriert. *Al-Fahidi Street | Bur Dubai | Metro Green Line Al Fahidi*

☑ DUBAI MUSEUM ★ 🌡

Crashkurs in Landeskunde: Dieses einzigartige Museum bietet in den historischen Räumen des alten Forts, ergänzt durch einen modernen unterirdischen Trakt, einen umfassenden Einblick in Leben und Kultur in Dubai in vergangener Zeit. Jahrtausendealte Fundstücke, ergänzt durch moderne Präsentation, gekonnte Museumsdidaktik und technisch einwandfreie Multimediashows überzeugen selbst Museumsmuffel. *Sa–Do 8.30–20.30, Fr 14.30–20.30 Uhr | Eintritt 3 Dh | Al-Fahidi Fort | Al-Fahidi Street | Bur Dubai | Metro Green Line Al Fahidi | ⏱ 2 Std.*

☑ JUMEIRAH-MOSCHEE

Eine elfenbeinweiße Moschee in verspielter arabischer Architektur mit einem Doppelminarett und einem von Säulen getragenen Kuppeldach, die mit Beginn der Dämmerung von Tausenden kleinen Lichtern angestrahlt wird. Nichtmoslems sind die Moscheen des Emirats verschlossen – die glanzvolle Jumeirah Mosque ist eine der wenigen Ausnahmen. Das Sheikh Mohammed Centre for Cultural Understanding bietet einstündige geführte Besuche an *(Sa–Do 10 u. 14 Uhr, Registrierung 30 Min. vorher, Führung inkl. Getränk | 35 Dh).* Männer müssen lange Hosen tragen, Frauen bekommen bei Bedarf eine schwarze *abaya* und ein Tuch. *Jumeirah Road | cultures.ae | Metro Red Line Trade Centre | ⏱ 1 Std.*

☑ BURJ KHALIFA ★

Von fast überall sichtbar: das höchste Gebäude der Welt. Auf der 124. Etage des 828 m hohen Turms liegt in

Unterwegs in Bastakiya, Dubais ältestem Viertel

452 m Höhe die Aussichtsplattform „At the Top", ein ganzes Stück höher – nämlich im 148. Stock – befindet sich das „Top Sky Level". Tickets erhält man in der Dubai Mall am „At the Top"-Schalter. Dann geht es über ein Laufband zum Burj Khalifa und in einen doppelstöckigen Fahrstuhl, der in einer Minute zum Besucherdeck flitzt. *Tgl. rund um die Uhr geöffnet | Tickets (am besten online reservieren) ab 185 Dh, Top Level ab 370 Dh | Financial Centre Road | ab Sheikh Zayed Road 1st Interchange (Defence R/A) | burj khalifa.ae | Metro Red Line Dubai Mall*

☑ DUBAI FOUNTAIN 🎭

Eine künstlerische Inszenierung aus hoch in die Luft schießenden Wasserfontänen, die im Takt von klassischer Musik tanzen – der Dubai Lake zu Füßen des Burj Khalifa erfreut die Vorübergehenden mehrmals pro Stunde, besonders, wenn in der Dunkelheit noch ein üppiges Farbenspiel dazukommt. *Tgl. 19–23 Uhr | Dubai Lake | Financial Centre Road | ab Sheikh Zayed Road, 1st Interchange | Metro Red Line Dubai Mall*

6 BURJ AL ARAB ★

Das bekannteste Hotel der Welt, der „Arabische Turm", wurde 1999 auf einer künstlichen Insel vor dem Strand ins Meer gebaut. 321 m hoch ragt das Wahrzeichen Dubais in den Himmel und bläht seine Dhau-Segel aus Beton und Glas. Zur Besichtigung ist eine Reservierung in einem der Cafés, Restaurants oder Bars nötig, mit Angabe der Kreditkarte erhält man eine Reservierungsnummer für die Pforte. Man kann auch eine Besichtigungstour im Reisebüro buchen. *Jumeirah Road | Tel. 04 3 01 76 00, 04 3 01 77 77 | burj-al-arab.com | jumeirah.com | Metro Red Line FGB*

7 THE PALM JUMEIRAH ★

Ein Muss: der Besuch der künstlichen „Palme", Dubais bislang einzig fertiggestelltem Inselprojekt, Adresse luxuriöser Strandhotels und des Wasserparks *Aquaventure* (s. S. 69). Die Hochbahn *Palm Monorail (20 Dh, retour 30 Dh | palm-monorail.com)* führt von der Küstenstation Gateway beim Hotel Royal Mirage über The Palm Jumeirah bis zum Hotel Atlantis; zwischendurch hält sie einmal.

8 DUBAI WATER CANAL

Ein großer Spaß: Flanieren entlang des 3,2 km langen, künstlich geschaffenen Kanals, der Jumeirah Beach mit dem Stadtteil Business Bay verbindet und für eine Prise Venedig-Feeling sorgt. Auf dem Boardwalk zu beiden Seiten trifft man sich auch zum Joggen und Fahrrad fahren. Architektur-Highlights sind die drei Hängebrücken für Fußgänger und der nach Sonnenuntergang in allen Regenbogenfarben illuminierte Wasserfall, der sich von der Sheikh Zayed Bridge in den Kanal ergießt. *Zugang z.B. von der Metrostation Business Bay*

ESSEN & TRINKEN

ARABIAN TEA HOUSE

Eine Mischung aus orientalischem und mediterranem Café-Restaurant, in einem der restaurierten Häuser des Bastakiya-Viertels: Salate, Kuchen, köstliche Säfte und Pfefferminztee - stilvolle Pause beim Stadtbummel. *Tgl. | 63 Al-Fahidi Street | Al-Fahidi R/A | Tel. 04 2 55 52 34 | arabianteahouse. net | €€ | Metro Green Line Al Fahidi*

BAYT AL-WAKEEL

Unterwegs in Bastakiya? Dann lohnt ein Stopp auf der Terrasse des alten Handelshauses, in dem heute arabische Gerichte und Snacks serviert werden. Hier muss es der libanesische Salat mit frittiertem Fladenbrot sein, dazu schaust du den Dhaus auf dem Creek hinterher. *Tgl. 12–24 Uhr | Bur Dubai Souk zwischen den Abra-Stationen, Bur Dubai |*

INSIDER-TIPP
Fattush mit Ausblick

Das Angebot im Gold-Souk ist im doppelten Wortsinn glänzend

Tel. 04 3 53 05 30 | €€ | Metro Green Line Al Ghubaiba

VEG WORLD

Das südindische *thali*, diverse Gemüse- und Linsencurrys mit Reis, *chapati* und Dessert, ist ausreichend für zwei, auf Wunsch bringt man einen weiteren Teller und zwei Bestecke. Eine Flasche Mineralwasser kostet 2 Dh! Hier isst man authentisch indisch und billig dazu. *Tgl. | Al Hisn Street | Meena Bazaar | Tel. 04 3 51 70 70 | € | Metro Green Line Al Ghubaiba*

BALLARÒ

Eine Oase inmitten der Stadt ist die zum Pool hin ausgerichtete Terrasse. Neben ausgezeichneten Lunchbüfetts, ästhetisch dargeboten mit Fingerfood, Life Cooking Stations und italienisch-internationaler Küche lockt der Friday Brunch europäische *expatriates*, abends sorgen Kerzen und Musik für Loungefeeling. *Tgl. | im Hotel Conrad | Sheikh Zayed Road | Tel. 04 4 44 71 11 | conraddubai.com | €€€ | Metro Red Line World Trade Centre*

SHOPPEN

Einen Besuch lohnen der *Gold Souk (Sikkat al-Khail Street | Deira),* nebenan der 🚩 *Gewürz-Souk (Spice Souk),* wo aus offenen Jutesäcken Safran und Zimt verkauft werden, und der *Parfüm-Souk (Sikkat al-Khail | Deira)* für süßlich duftende Öle und günstige Weihrauchparfüms.

DUBAI MALL 🌡️

Ganz klar: Diese Mall ist auch eine einzige Sehenswürdigkeit: Dubais größter (1200 Läden) und prächtigster Shopping-Tempel ist Pflichtprogramm, allerdings nicht am Wochenende. Von Burberry zu Valentino: Besonders Frauen lieben die Fashion Avenue mit ihren vielen Designerboutiquen, im Gold-Souk sind mehr als 200 Juweliere versammelt und Leseratten zieht es in die riesige Buchhandlung *Kinokinuya*. Im drei Stockwerke hohen 🐟 *Dubai Aquarium (thedubaiaquarium.com)* schwimmen Tropenfische, Rochen und Haie an dir vorbei. Näher als im 270-Grad-Unterwassertunnel *(110 Dh)* kommst du Fischen nicht, ohne nass zu werden! Vom Untergeschoss der Mall verkehren permanent 🐟 Shuttlebusse zu den großen Hotels: toll für eine kostenlose Stadtrundfahrt! *Tgl. 10–24 Uhr | Financial Centre Road | ab Sheikh Zayed Road, 1st Interchange | thedubaimall.com | Metro Red Line Dubai Mall*

MALL OF THE EMIRATES

466 Geschäfte und Markenboutiquen der oberen Preisklasse, darunter ein Ableger des britischen Edelkaufhauses Harvey Nichols. Die Mall ist mit *Ski Dubai* (s. S. 69) verbunden, in das man durch Fenster auch einen Blick werfen kann. *Sa–Mi 10–22, Do u. Fr 10–24 Uhr | Sheikh Zayed Road, zwischen Interchange 4 und 5 | mallof theemirates.com | Metro Red Line Mall of the Emirates*

SOUK MADINAT JUMEIRAH 🚩

Die Edelversion eines Basars: Diese Nachbildung einer historischen Souk-gasse gehört zu dem Komplex der drei Luxushotels *Al-Qasr, Dar Al-Masyaf* und *Mina A´Salam*, die durch Wasserwege miteinander verbunden sind. Neben 75 kleinen Läden gibt es viele Cafés und Restaurants mit Blick aufs Wasser. *Tgl. 10–24 Uhr | Umm Suqeim Street | Madinat Jumeirah | madinat jumeirah.com | Metro Red Line Mall of the Emirates*

Neue Perspektiven auf Marina und Creek – Dubai entdecken per Waterbus

SPORT & SPASS

KIDZANIA 👥
In der Replika einer Stadt mit Straßen, Gebäuden, Geschäften, Autos etc. schlüpfen Vier- bis 15-Jährige in Berufsrollen und „erfahren" so die Erwachsenenwelt. Am Eingang gibt's für Kinder einen Boarding Pass (Eintrittskarte), einen Stadtplan und einen Gutschein für Kidzania-Geld. *Sa–Mi 10–22, Do/Fr 10–24 Uhr | Eintritt 2–3 J. 89 Dh, 4–16 J. 180 Dh, ab 17 J. 69 Dh | Dubai Mall | Financial Centre Road | ab Sheikh Zayed Road, 1st Interchange | dubai.kidzania.com | Metro Red Line Dubai Mall*

SKI DUBAI 🌡
Dubaier Schneekugel: Eine Winterwunderwelt, in der die Kunstschnee nur nachts fällt und konstant gute Sportbedingungen herrschen. In dieser Skihalle sorgen fünf Pisten und bis zu 400 m lange Abfahrten für Spaß, auch einen Sessellift und eine Skihütte mit heißem Kakao gibt es. *So–Mi 10–23, Do 10–24, Fr 9–24, Sa 9–23 Uhr | Eintritt 2 Std. 255 Dh, ganztags 500 Dh inkl. Ausrüstung | The Mall of the Emirates | Sheikh Zayed Road, 4th Interchange | Tel. 04 80 03 86 | skidxb.com | Metro Red Line Mall of the Emirates*

WILD WADI 👥
Ein kleinerer, sehr gelungen gestalteter Aquapark, der von Wüsten- und Wadi-Landschaft inspiriert ist. 28 Rutschen und Attraktionen (u.a. Wellenpool, Plantschlagune für die Kleinsten) und mit Blick aufs Meer und den gegenüber liegenden Burj Al Arab. *Nov.–Feb. tgl. 10–18, März–Mai u. Sept./Okt. 10–19, Juni–Aug. 10–20 Uhr | Eintritt 270 Dh, Kinder 220 Dh | Jumeirah Road | zwischen Jumeirah Beach Hotel und Burj Al Arab | wildwadi.com*

AQUAVENTURE ⭐👥
Mit Rochen schwimmen, zwischen Fischen auf dem Meeresboden spazieren oder sich mit Reifen über den Lazy River treiben lassen: Wer hier war, dem gefällt kaum noch ein anderer Wasserpark. Highlight ist die 30 m hohe, „Ziggurat" genannte Pyramide, von der aus die Wasserrutsche namens „Shark Attack" in einer Glasröhre durchs Haifischbecken führt. *Tgl. 10–18 Uhr | Eintritt ab 269 Dh, Kinder ab 225 Dh | Atlantis Resort | Crescent Road/Jumeirah Road | The Palm Jumeirah | atlantisthepalm.com | Metro Red Line Nakheel*

WATERBUS 🚩
Mit dem klimatisierten Waterbus durch die Dubai Marina oder über den Creek schippern – das macht Spaß und ist billig: Teilstrecken zwischen Marina Promenade und Marina Terrace kosten je 11 Dh, da bleibt man gleich an mehreren Stationen sitzen und schaut sich vom Wasser aus um. *Tgl. 8–24 Uhr*

DINNER IN DER WÜSTE 🚩
Das gehört sozusagen zum Pflichtprogramm: Eine Jeep-Tour in die Wüstendünen, Fotos zum Sonnenuntergang und anschließend zum Dinner in ein rustikales Beduinen-Camp. Auf Teppi-

Strandleben am Jumeirah Beach mit dem Burj Al Arab im Blick

chen verteilte Sitzkissen, ein üppiges Buffet mit Barbecue ist aufgebaut und zum Dessert gibt es noch eine Bauchtanz-Vorführung (zwar keine Tradition in den VAE, aber ganz nett), du kannst eine Runde auf dem Kamel reiten und dir Henna-Tattoos auf die Handflächen malen lassen. Dann geht es zurück in die Stadt, gegen 22 Uhr wirst du wieder vor der Hoteltür abgesetzt. Buchbar sind die Touren in (nahezu) jedem Hotel, ein renommierter Anbieter ist *Arabian Adventures*. Massenabfertigung erwartet dich hingegen bei den Jeep-Safaris zum Dumping-Preis unter 50 Euro.

ginn liegt der frei zugängliche *Open Beach*, top gepflegt und mit bester Infastruktur. Gleich gegenüber dem JBR Walk an der Dubai Marina liegen Beachclubs der Hotels (gegen Gebühr auch für Nichtgäste zugänglich) sowie ein gepflegter, frei zugänglicher öffentlicher Strand (teilweise mit mietbaren Liegen und Sonnenschirmen). Der beliebte *Kite Beach (Umm Suqueim 1/Jumeirah)* ist Treff für (Kite-)Surfer und bietet obendrein einen tollen Blick auf den Burj Al Arab. Neben einem üppigen Sportangebot findest du hier auch nette Beach Bars und Cafés.

STRÄNDE

Dubais Hausstrand ist der helle und feinsandige *Jumeirah Beach*, der sich kilometerweit nach Süden zieht, Adresse zahlreicher Luxushotels. Zu Be-

AUSGEHEN & FEIERN

MERCURY LOUNGE

Avancierte in kürzester Zeit zu einem der schicksten und beliebtesten Clubs: die Lounge auf der Dachterrasse des Hotelpalasts, orientalisch und hypermodern zugleich. Kaum zu übertreffender Blick auf die Skyline mit Jumeirah und Burj Khalifa, während der Blick zur anderen Seite und auf den Arabischen Golf etwas unter den vielen Baukränen leidet. *Tgl. 18–2 Uhr | im Hotel Four Seasons | Jumeirah Road | fourseasons.com | Metro Red Line Business Bay*

IRIS LOUNGE

Der Ort für einen After-Dinner-Drink in stylischer Umgebung, dazu Musik vom DJ und eine von Lichtdesignern illuminierte Außenterrasse in der 27. Etage - und der Blick auf den Burj Khalifa, der quasi um die Ecke liegt. *Tgl. 19–2 Uhr | im Hotel Oberoi | Al-Amaal Street/Business Bay | oberoihotels. com | Metro Red Line Business Bay*

RUND UM DUBAI-STADT

LEGOLAND DUBAI 👥
45 km / 40 Min. (Auto) südwestlich von Dubai

Märchenhafte Karussells, Burgen und Rutschbahnen begeistern Drei- bis Zwölfjährige. Und gleich nebenan liegt der Legoland Water Park für etwas Abkühlung. *Sa–Mi 9–18, Do/Fr bis 20 Uhr | Eintritt 235 Dh, Kinder bis 3 J. frei; 285 Dh für beide Parks | Sheikh Zayed Road (E 11), gegenüber von Palm Jebel Ali | legoland.com/dubai | Metro: UAE Exchange, anschließend eine kurze Strecke (ca. 40 Dh) per Taxi |* 🕮 *H5*

HATTA
110 km / 80 Min. (Auto) östlich von Dubai

Traditionelle Sommerresidenz der Einheimischen zu Füßen des Hajar-Gebirges. Etwa auf halber Strecke zur Oase gelangt man zur ca. 100 m hohen Wüstendüne ⚑ *Al-Hamar*, auch *Big Red* genannt, einem Stück Wüste wie aus dem orientalischen Bilderbuch. Leider muss man die Düne mit vielen Menschen teilen; mit Geländewagen und auf Quads (Motorrädern mit vier dicken Reifen) brettern junge Einheimische durch den Sand. Ruhiger ist es, mit einem Kamel unterwegs zu sein, auch dafür gibt es mehrere Anbieter.

Das von Bergen umgebene Hatta (10 000 Ew.) besitzt ein liebevoll gestaltetes *Heritage Village*, mit rekonstruiertem Falaj-System und historischem *Fort* (*Sa–Do 8.30–22.30, Fr ab 8 Uhr | Eintritt frei*) mit zwei neu errichteten Türmen. ==Besteig den alten Wachtturm, das ist kostenlos und von oben hast du den Überblick über die Oase.== 🕮 *L5*

INSIDER-TIPP
Aussicht gratis

SCHÖNER SCHLAFEN IN DUBAI

ALT-ARABIEN RUSTIKAL

Das *Ahmedia Heritage Guest House (15 Zi. | Al Ras | Tel. 04 2 25 00 85 | €€)* liegt mitten im ältesten Stadtviertel Dubais, ein stilsicher restauriertes Gästehaus, authentisch statt luxuriös, mit behaglich ausstaffierten Zimmern, die in die alte Zeit zurückversetzen.

SHARJAH

KULTUR UND TRADITION

Die schönste Altstadt der VAE: seitdem Sharjah die historischen Windturmhäuser aus Lehm aufwendig restaurieren ließ, gewaltige kulturelle und Denkmalschutz-Projekte initiierte, kommen auch immer mehr Besucher.

Zur Pflege der Traditionen passt es auch, dass man hier ziemlich konservativ ist: Zwar war Sharjah das erste der sieben Emirate, das sich bereits um 1970 für den internationalen Tourismus öffnete und Badehotels baute. Doch durch das 1985 erlassene Alkoholverbot ver-

Kuppeln über Kuppeln: die Al-Noor Mosque

lagerte sich der Besucherstrom ins damals aufstrebende Dubai. Nach wie vor ist das Emirat sehr konservativ, wenn es um islamische Werte geht: Ein „Anstandsgesetz" stellt das Tragen von Strandkleidung und bauchfreien Tops in der Öffentlichkeit unter Strafe, Alkohol ist weiterhin tabu.

SHARJAH

Al Meena Street

11 Street

34 Street

5 Street

11 Street

Corniche Street

84 Street

110 Street

17 Street

Al Meena Street

66 Street

74 Street

46 Street

58 Street

79 Street

3 Street

13 Street

36 Street

Khalidiya Street

18 Street

59 Street

75 30 Street

Arab Club Street

2 Street

4 Street

14 Street

Corniche Street

Maritime
Museum
10
9 **Sharjah Aquarium** ⭐

Strand von Al-Khan

Al Khan Street

Corniche Road

Corniche Road

Al Khan Corniche Street

Al Khan Lagoon

500 m
547 yd

Shababe

Gerard Café
Al-Qasba ⭐

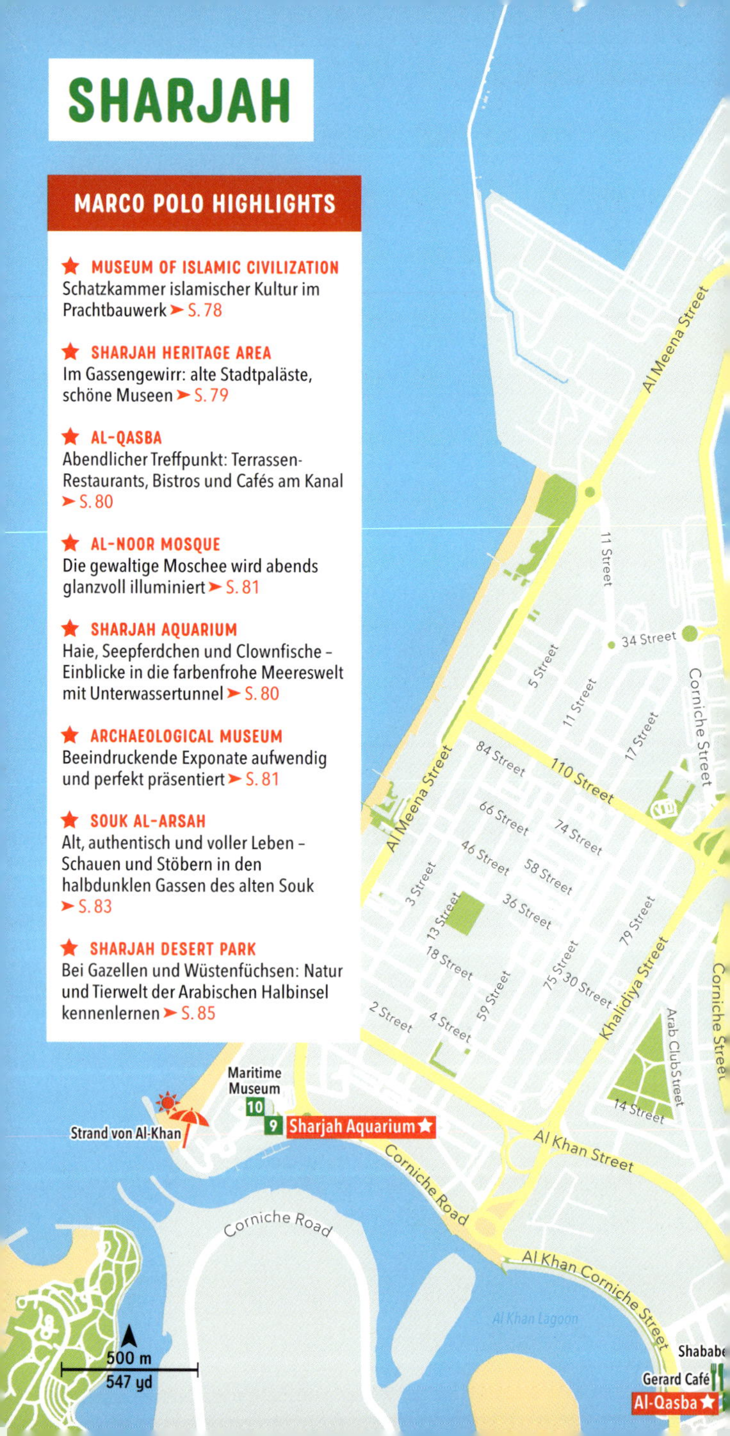

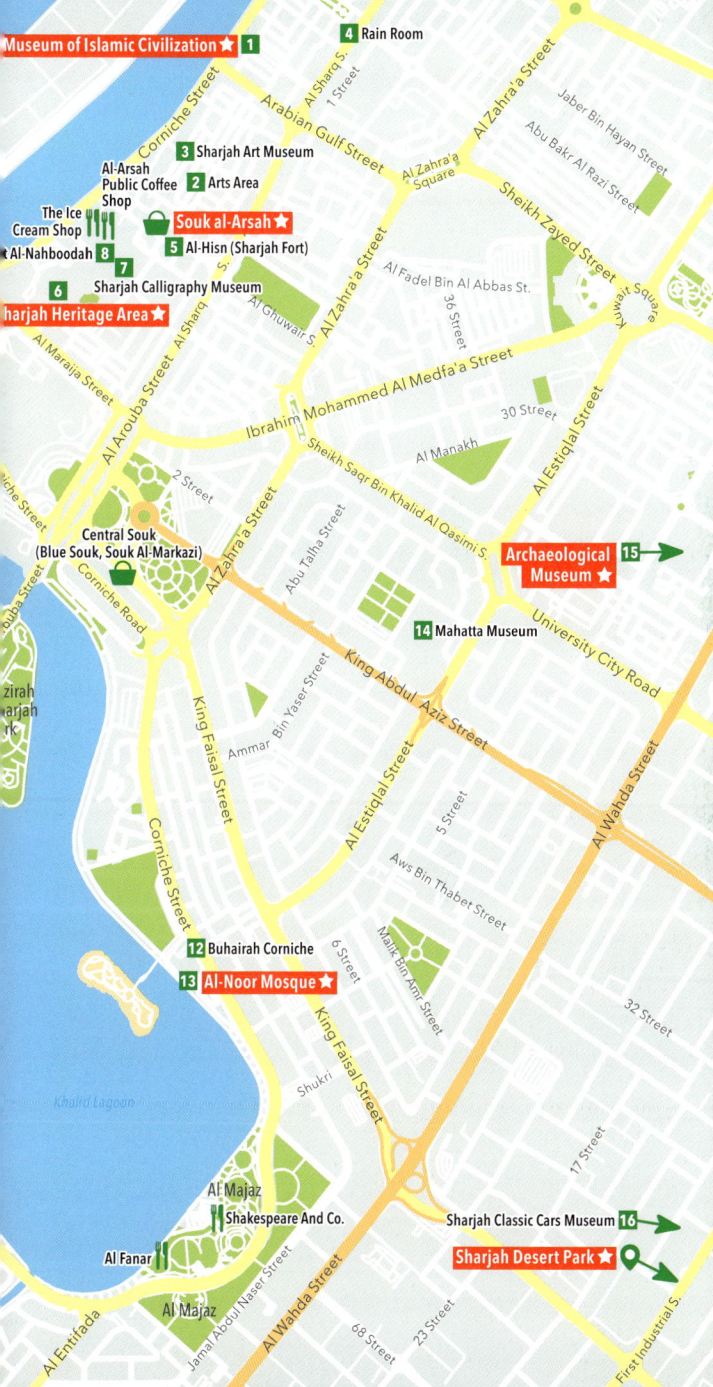

Museum of Islamic Civilization ⭐ **1**

4 Rain Room

3 Sharjah Art Museum

Al-Arsah
Public Coffee
Shop **2** Arts Area

The Ice
Cream Shop **Souk al-Arsah** ⭐

Al-Nahboodah **8** **5** Al-Hisn (Sharjah Fort)

7

6 Sharjah Calligraphy Museum

harjah Heritage Area ⭐

Central Souk
(Blue Souk, Souk Al-Markazi) **Archaeological**
Museum ⭐ **15**

14 Mahatta Museum

12 Buhairah Corniche

13 **Al-Noor Mosque** ⭐

Al Majaz
Shakespeare And Co.

Al Fanar

Al Majaz

Sharjah Classic Cars Museum **16**

Sharjah Desert Park ⭐

Street labels:
Corniche Street
Arabian Gulf Street
Al Sharq St.
1 Street
Al Zahra'a Street
Jaber Bin Hayan Street
Abu Bakr Al Razi Street
Al Zahra'a Square
Sheikh Zayed Street
Al Fadel Bin Al Abbas St.
Al Zahra'a Street
Al Sharq
36 Street
30 Street
Khawla Square
Al Ghuwair St.
Al Maraija Street
Al Arouba Street
Al Sharq
Ibrahim Mohammed Al Medfa'a Street
Al Manakh
Al Estiqlal Street
2 Street
Sheikh Saqr Bin Khalid Al Qasimi S.
Al Zahra'a Street
niche Street
Abu Talha Street
Corniche Road
zirah
arjah
rk
Khalid Lagoon
King Abdul Aziz Street
University City Road
King Faisal Street
Ammar Bin Yaser Street
Bin Yaser Street
Al Estiqlal Street
5 Street
Al Wahda Street
Corniche Street
Aws Bin Thabet Street
Malik Bin Anni Street
6 Street
32 Street
King Faisal Street
Shukri
17 Street
Jamal Abdul Naser Street
Al Wahda Street
68 Street
23 Street
First Industrial S.
Al Entifada

Das zweite touristische Zentrum neben Sharjah-Stadt liegt an der Ostküste:

Die Exklave *Khor Fakkan* mit wunderbaren Sandstränden zu Füßen des bis zu 1500 m aufragenden Hajar-Gebirges ist ein Taucher- und Schnorchelparadies. Zu Sharjah (950 000 Ew.) gehören außerdem die an der südlichen Ostküste liegende Exklave Kalba (mit *Khor Kalba*) sowie ein Teil von *Dibba*. Diese Ziele werden im Kapitel Fujairah & Ostküste vorgestellt.

SHARJAH-STADT

(☐ J3) **In den autofreien Gassen des Zentrums von Sharjah-Stadt reihen sich die weiß gekalkten Stadthäuser und -paläste aneinander, ornamentale Fenstergitter und wuchtige Holztüren dienen als einziger Schmuck, alten Petroleumlampen nachempfundene Later-** nen spenden nach Einbruch der Dunkelheit Licht.

Sharjah-Stadt besitzt die schönste Altstadt der VAE: Dies rührt zum einen daher, dass in der Hauptstadt des Emirats nach der Entdeckung des Erdöls nur wenige Häuser abgerissen wurden und viele alte Gebäude vor einigen Jahren umfangreich restauriert wurden. Zum anderen wurde dank der Initiative des Emirs, Sheikh Dr. Sultan bin Mohammed al-Quasimi, in der Altstadt ein großes Museumsviertel errichtet.

Entlang des 1 km langen *Al-Qasba-Kanals,* der die Khalid Lagoon mit der Al-Khan-Lagune verbindet, reihen sich französische Bistros und italienische Restaurants aneinander, eine Musikfontäne schießt das Wasser in den Himmel. Dass man sich dennoch in Arabien befindet, zeigen nicht nur die in ihre traditionellen Gewänder gehüllten Einheimischen, sondern auch die mit islamischen Bauelementen versehenen palastähnlichen Gebäude, die hier in den letzten Jahren entstanden sind. In Sharjah, so will es der Emir, zieren alle öffentlichen Bauwerke arabische Stilelemente.

Mit dem Taxi gelangt man zur autofreien Altstadt, einer einzigartigen Ansammlung historischer Kaufmannshäuser und -paläste. Die beiden benachbarten Stadtviertel *Heritage Area* und *Arts Area* gehören zu den interessantesten Stadtgebieten der Emirate. Zwei Dutzend Museen, die die islamische Tradition und die Geschichte der Region zum Mittelpunkt haben und das zeitgenössische Kunstgeschehen am Arabischen Golf fördern, führ-

WOHIN ZUERST?

Lass dich vom Taxi beim **Museum of Islamic Civilization** an der Corniche Road absetzen. Spazier die Corniche Road ein kleines Stück nach Westen zur Arts Area; auf der anderen Seite der Al-Boorj Avenue (hier findest du das Fort Al-Hisn) liegt die Heritage Area mit dem Al-Arsah-Souk und vielen historischen Gebäuden.

Verkehrskreisel mit riesigem Koran: Roundabout in Sharjah-Stadt

ten 1998 und 2014 zur Ernennung von Sharjah als „Kulturhauptstadt der Arabischen Welt" durch die Unesco. Der Campus von zwei großen Universitäten (American University of Sharjah und University of Sharjah) erstreckt sich über 6 km². Das *Sharjah Centre for Cultural Communication (Tel. 06 5 11 00 88 | shjculture.com)* wendet sich mit kulturellen Angeboten an Touristen und *expatriates*, betreibt ein Auskunftsbüro im *Souk al-Arsah (So–Do 8–14 Uhr)* und veranstaltet eine Tour *(Mo u. Do 10 Uhr)* durch die Al-Noor Mosque an der Khaleed Lagoon.

Auch in anderen Stadtvierteln liegen, überragt von Hochhäusern, zahlreiche niedrige Häuser, die noch aus der Vor-Erdölzeit stammen und nach und nach restauriert werden.

Sharjah verfügt – im Gegensatz z. B. zu Dubai – hauptsächlich über Mittelklassehotels, angesiedelt entlang der Khalid-Lagune und am Meer. Die etwa 1,2 Mio. Ew. von Sharjah-Stadt schätzen die billigeren Mieten und das gute Schulangebot der Stadt und nehmen die immer längeren Verkehrsstaus, besonders von und nach Dubai, hin. Hauptsächlich *expatriates* aus unteren Einkommensklassen pendeln täglich zum Arbeiten ins 10 km südlich liegende Dubai. Bis zu zwei Stunden dauert ihr Arbeitsweg.

SIGHTSEEING

Ein offener Doppeldeckerbus zeigt die Vielfalt Sharjahs in 21 Stationen, an denen es sich lohnt auszusteigen. Die reine Rundtour dauert knapp zwei Stunden. *Tgl. 9–19, Juni–Sept. 10–18 Uhr, alle 20 Min. | Rundtour 100 Dh | Central Souk*

1 MUSEUM OF ISLAMIC CIVILIZATION ★

Sharjahs schönstes Museum ist untergebracht im einstigen Souk al-Majarrah. Das im islamischen Stil 1987 gebaute Gebäude ist mit seiner braunen Farbgestaltung aus Naturstein, den auffälligen ornamental gestalteten Lampen, Bogengängen und Kuppeln weithin sichtbar. Die goldene Kuppel ist innen mit Mosaiken geschmückt. Die ausgestellten 5000 Exponate sind nicht nur besonders wertvoll, sondern geben einen hervorragenden Einblick in das komplexe Glaubenssystem des Islam. Das Erdgeschoss ist einer Darstellung der fünf Säulen des Islam gewidmet und zeigt u. a. wertvolle Koranausgaben sowie – für jeden Moslem eine besondere Kostbarkeit – ein Stück der *kiswah,* jenes goldbestickten Brokatstofftuchs, das in Mekka (Saudi-Arabien) die Kaaba, das zentrale Heiligtum des Islam, schmückt und jedes Jahr erneuert wird. Im ersten Stock nehmen vier Galerien die Besucher mit auf eine Reise von den Quellen islamischen Kunstschaffens bis in die heutige Zeit. *Sa–Do 8–20, Fr 16–20 Uhr | Eintritt 10 Dh | Majarrah Waterfront | Souk al-Majarrah | sharjahmuseums.ae |* ⏱ *1 ½ Std.*

2 ARTS AREA

Im Kunstviertel findest du restaurierte Gebäude aus dem 19. Jh., die teilweise Museen beherbergen, darunter ein modernes Museum mit Arbeiten ab dem 18. Jh. *(Sharjah Museum of Contemporary Arab Art).* Im Haus *Obaid al-Shamsi (Arts Square)* gegenüber vom Art Museum liegen Studios, Werkstätten und Galerien um einen Innenhof, hier kannst du Künstlern bei der Arbeit zusehen. Das *Arts Café* am Arts Square bietet kleine Gerichte, Obstsäfte und Kaffee für eine Pause beim Bummel durchs Viertel mit echt arabischem Flair. *Zwischen Al-Boorj Av. (Ostseite) und Corniche Road | Al Shuwaiheyen | sharjahart.ae*

3 SHARJAH ART MUSEUM 🐂

Das zweigeschossige Museum mit den beiden flankierenden Windtürmen ist der Stolz von Sharjahs Art Area. Ausgestellt sind in 68 Räumen Bilder aus der Sammlung des Emirs sowie – für Besucher besonders interessant – zeitgenössische Werke von Künstlern aus der arabischen Region. Jährlich finden wechselnde Ausstellungen statt sowie alle paar Jahre die „Sharjah International Art Biennale" – das nächste Mal 2022 –, die längst internationale Bedeutung hat. Neben Skulpturen und Installationen sorgen regelmäßig provokante Videoproduktionen für Aufsehen, etwa als über den schönen Schein von „Dubailand" polemisiert wurde. *Sa–Do 8–20, Fr 16–20 Uhr | Eintritt frei | Bait al-Serkal, Arts Area/Shuwaihyeen | sharjahmuseums. ae |* ⏱ *1 Std.*

4 RAIN ROOM 🌡

Sehnsucht nach einem Tropenschauer? Unablässig prasselt der Regen von der Decke des bis auf einen Scheinwerfer dunklen Raumes, eine interaktive Installation der Sharjah Art Foundation. Doch aufgepasst: Wenn du langsam hindurch gehst, schalten Sensoren über dir das Wasser aus, bewegst du dich zu schnell, wirst du triefend nass. Ein starkes Erlebnis mit nahezu surrealem Charakter. *Sa–Do 9–22, Fr 10–16 Uhr | Eintritt 25 Dh | Al Majarrah | rainroom.sharjahart.org*

⁵ AL-HISN (SHARJAH FORT)

Das historische Fort der Emirfamilie (1820) wurde 1969 abgerissen und 1997 originalgetreu wieder aufgebaut. Es beherbergt Ausstellungen zur Geschichte des Emirats. *Sa–Do 8–20, Fr 16–20 Uhr | Eintritt 5 Dh | Al-Boorj Av. | sharjahmuseums.ae*

⁶ SHARJAH HERITAGE AREA ★

Ein authentischer alter Souk, sensibel restaurierte, großartige Museen zur islamischen Kultur in prächtigen, jahrhundertealten Kaufmannshäusern, die Palästen gleichen, machen dieses Viertel unverwechselbar. Da hier keine Autos fahren dürfen, genießt du zudem Ruhe. *Zwischen Al-Boorj Av. (Westseite) und Corniche Road*

⁷ SHARJAH CALLIGRAPHY MUSEUM

Obwohl Kalligrafien, kunstvolle Handschriften von Koranversen, in den Emiraten weit verbreitet sind, ist dieses Museum neben dem Tareq Rajab Museum in Kuwait das bislang einzige der arabischen Welt, das dieser Tradition gewidmet ist. Selbst ein flüchtiger Gang durch die Räume mit den bezaubernden kalligrafischen Darstellungen lohnt deshalb. Bei größerem Interesse kannst du den Erklärungen des Personals lauschen und dir die Bedeutung einzelner Kalligrafien erklären lassen. *Sa–Do 8–20, Fr 16–20 Uhr |*

Calligraphy Museum: Kalligrafie ist mehr als nur Schönschrift

Eintritt 10 Dh | Heritage Area | zwischen Al-Boorj Av. (Westseite) und Corniche Road | sharjahmuseums.ae | 🕐 30 Min.

⁸ BAIT AL-NAHBOODAH

Echt eindrucksvoll: Das traditionelle Wohnhaus eines Perlenhändlers von 1845 besitzt 16 Räume, die zweistöckig einen Innenhof umgeben. Stuckarbeiten und Holzschnitzereien schmücken die Zimmer des Museums, in denen alte Kleidungsstücke und Schmuck, Beduinenmöbel und Kunsthandwerk ausgestellt sind. So ähnlich muss es in Sharjah vor dem Ölboom ausgesehen haben… *Sa–Do 8–20, Fr 16–20 Uhr | Eintritt 10 Dh | Heritage*

Mit solchen traditionellen *Dhows* fuhr man früher zur See – im Maritime Museum

Area | Fireij Al-Souk Road | gegenüber Souk al-Arsah | sharjahmuseums.ae

🟩 9 SHARJAH AQUARIUM ⭐ 🌡️

In schöner Lage an der Lagune: Sharjahs modernes, mit allen technischen Finessen ausgestattetes Aquarium zeigt 250 verschiedene Arten von Meeresbewohnern aus dem Arabischen Golf, vom Seepferdchen bis zum Hai. Eindrucksvoll ist ein Tunnel, durch den Besucher laufen und einen Blick aufs Geschehen unter Wasser werfen können. Sehr beliebt ist die Cafeteria mit Blick über die Lagune. *Sa, Mo–Do 8–20, Fr 16–22 Uhr | Eintritt 25 Dh | Al-Khan Road | Al-Khan Lagoon | sharjahmuseums.ae | ⏱ 1 ½ Std.*

🟩 10 MARITIME MUSEUM

Das große Hightech-Museum zeigt u. a. Modelle und traditionelle Boote aus Sharjahs Seefahrtsgeschichte wie die früher weit verbreiteten *Dhows*, dazu jede Menge spannende Infos rund um die Perlenfischerei. *Sa–Do 8–20, Fr 16–22 Uhr | Eintritt 10 Dh | Al-Mina Road | Al-Khan Road | sharjahmuseums.ae*

🟩 11 AL-QASBA ⭐

Sharjahs beliebteste Flaniermeile: Schicke Boutiquen, Cafés im europäischen Stil und in palastähnlichen Gebäuden untergebrachte Restaurants ziehen in den späten Nachmittagsstunden die Besucher an. Von der Khalid- zur Al-Khan-Lagune wurde ein 1 km langer und 30 m breiter Kanal angelegt, der mit kleinen, elektrisch betriebenen *abras* (Booten) befahren wird. Zudem überqueren gleich drei Fußgängerbrücken die Wasserstraße. *alqasba.ae*

🔢 BUHAIRAH CORNICHE

Üppige Palmen, Gräser und Blumen: Die Einwohner von Sharjah schätzen die an der Khalid Lagoon verlaufende Promenade sehr. Die Al-Noor-Moschee prägt das Erscheinungsbild, ein traditionelles Kaffeehaus lädt zu einer Pause und die Al-Majaz Waterfront wurde zu einem Park ausgebaut; Ein nettes Detail am Rande sind die versteckten Lautsprecher mit Vogelgezwitscher. Am Ufer warten kleine Boote auf Passagiere für eine Rundfahrt. *Buhairah Corniche*

🔢 AL-NOOR MOSQUE ⭐

Unübersehbar an der Buhairah Corniche thront die bekannteste von Sharjahs über 600 Moscheen, ein gewaltiger Prachtbau im verspielten türkischen Stil, erbaut auf Wunsch der Gattin des Emirs. Jeden Freitagmittag herrscht hier Hochbetrieb. Besonders eindrucksvoll ist die Moschee auch nach Sonnenuntergang, wenn die Fassade prächtig illuminiert wird. Das passt zusammen: Neben der märchenhaften Moschee locken orientalische Cafés direkt am Wasser! *Führungen Mo und Do 10–11 Uhr | Eintritt frei | Buhairah Corniche Street/ Khalid Lagoon | Al-Majaz | shjculture. com*

DER-TIPP
Shisha unterm Minarett

🔢 MAHATTA MUSEUM

Der alte Flughafen lag bis 1977 innerhalb der Stadt, und die heutige King Abdul Aziz Street war die Start- und Landebahn. Neben dem alten Kontrollturm liegt ein ehemaliger Hangar, in dem vier Propellerflugzeuge ausgestellt sind – eines davon hängt an der Decke –, die hier ab 1932 landeten, darunter eine DC3. Ein Film informiert über die Fliegerei der 1930er-Jahre. *Sa–Do 8–20, Fr 16– 20 Uhr | Eintritt 10 Dh | King Abdul Aziz Street/Ecke Istiqal Street | Qasimiya | sharjahmuseums.ae*

🔢 ARCHAEOLOGICAL MUSEUM ⭐

Eine spannende Zeitreise: Faszinierende Exponate aus Ausgrabungen, Filme, interaktive Computerspiele und realistische Nachbildungen von jahrtausendealten Häusern und Gräbern lassen die uralte Geschichte lebendig werden. Du erfährst, wie die ersten Siedler von Sharjah ihre Häuser bauten, wie sie sich ernährten, welchen Schmuck sie herstellten – und wie sie mit dem Tod umgingen. Die ältesten Ausgrabungsfunde stammen aus der Steinzeit (5000–3000 v. Chr.); aus der Bronzezeit (bis 1300 v. Chr.) sind u. a. Kämme aus Elfenbein und Ketten aus Gold und Jade zu sehen. *Sa, Mo–Do 8–20, Fr 16–20 Uhr | Eintritt 10 Dh | Cultural Square | Sheikh Rashid Bin Saqr al-Qasimi Road | Al-Abar | sharjahmuseums.ae | ⏱ 45 Min.*

🔢 SHARJAH CLASSIC CARS MUSEUM

Rund 100 Oldtimer, darunter ein Dodge von 1917 mit Holzrädern, ein Geschenk des saudischen Königs, kannst du hier bestaunen. Zu den Ausstellungsstücken – allesamt Eigentum des Scheichs – gehören auch ein Rolls Royce 1973, im makellosen Originalzustand, ein Buick Saloon von 1959 und ein Mercedes Benz 600. *Sa–Do 8–20, Fr 16–20 Uhr | Eintritt 15 Dh | Al-Dhaid Road | E 88, Interchange 5 | sharjahmuseums.ae*

ESSEN & TRINKEN

AL-ARSAH PUBLIC COFFEE SHOP
So stellt man sich ein arabisches Kaffeehaus vor: verzierte Holzbänke, orientalische Kuchen und Süßigkeiten, arabischer Mokka und Pfefferminztee. Wasserpfeifen sind in diversen Geschmacksrichtungen zu haben. *Tgl. | Souk al-Arsah, Heritage Area | €*

AL FANAR
Authentisch und herzlich: Beste emiratische Küche, ansprechendes, arabisches Interieur und dazu der weite Blick von der Terrasse auf das Wasser. Hier ist zudem der richtige Ort für eine Shisha nach Sonnenuntergang. Auch nett für ein landestypisches Frühstück mit Fladenbrot und frischem Granatapfelsaft. *Tgl. | Al Majaz Waterfront | Tel. 06 5 59 97 44 | alfanarrestaurant.com | €€*

GERARD CAFÉ
Der Duft frisch gebackener Croissants treibt die Gäste herein: Café im französischen Bistro-Stil mit einer Auswahl an europäischen Patisserien, Baguettes und Walnussbrot, auch zum Mitnehmen, sowie Kaffeespezialitäten. *Tgl. | Al-Qasba, Block A | Tel. 06 5 56 04 28 | €€*

THE ICE CREAM SHOP
Waffel oder Becher? Ganz egal, das Eis-Café im Al Bait Hotel in Sharjahs denkmalgeschützter Altstadt ist mega-cool! Schokolade? Vanille? Nein,

Der Souk al-Arsah mit seinen 60 Lädchen wurde wunderschön restauriert

hier muss es schon *dondurma* sein, eine ägyptische Eisspezialität aus den Früchten des Mastix-Pistazienbaums. Tropft nicht, klebt nicht, schmeckt einmalig. *Tgl. | Al Bait Hotel, Bait-Eissa-Al-Midfa-Gebäude | Tel. 06 50 25 55 | ghmhotels.com | €*

SHABABEEK
Libanesische Küche mit europäischen Elementen in bester Lage am Al-Qasba-Kanal. Die Wahl des Sitzplatzes wird dir schwerfallen: im Freien am Wasser oder inmitten des dramatisch-üppigen arabischen Interieurs? Köstliche Limonaden und Mocktails, alkoholfreie Cocktails. *Tgl. | Al-Qasba | Block B | Tel. 06 5 54 04 44 | shababeek.ae | €€€*

SHAKESPEARE AND CO.
Bei Café Latte und Schokomuffins genießt du die phantasievolle Alice in Wonderland-Atmosphäre und das viktorianisch anmutende Interieur, draußen sitzt du zwischen Einheimischen, die sich an den erleuchteten Wasserfontänen erfreuen. Köstlich schmecken hier die sowohl süß als auch salzig offerierten, hauchdünnen Crêpes. *Al Majaz Waterfront | Tel. 06 5 74 75 74 | shakespeare-and-co.com | €€*

SHOPPEN

SOUK AL-ARSAH ★
Dieser alte Souk wurde generalüberholt und behielt sein besonderes Flair: 60 kleine Läden wurden mit antiken Baumaterialien wie alten Holzbalken und Türen renoviert. Du schlenderst durch enge Gassen und entdeckst Antiquitäten aus Oman und Jemen, traditionelle Beduinenbekleidung oder bestickte Paschminaschals. Ein traditionelles Kaffeehaus lädt nach dem ausgiebigen Stöbern zur Pause. *Tgl. 9–13 u. 17–20 Uhr | Heritage Area | zwischen Al-Boorj Av. (Westseite), Al-Ayubi Road und Corniche Road*

CENTRAL SOUK (BLUE SOUK, SOUK AL-MARKAZI)
Der wegen seiner Gestaltung im postmodernen Stil gern mit einem Belle-Époque-Bahnhof verglichene Souk besitzt über 600 Geschäfte. Im Untergeschoss findest du hauptsächlich auf arabische Bedürfnisse zugeschnittene Bekleidungs-, Schmuck- und Parfümerieläden, während der erste Stock einem großen Antikmarkt gleicht. Inneneinrichter schätzen die ungezählten Shops als Fundgrube für Möbel, Antiquitäten und Dekorationen im orientalischen und asiatischen Stil. Die Preise sind moderat und darüber hinaus noch verhandelbar. *Sa–Do 10–22, Fr ab 17 Uhr | Buhairah Corniche Road | Khalid Lagoon | Al-Majaz*

SPORT & SPASS

AL-MONTAZAH PARK
Von der Straße nach Dubai gelangt man über einen Abzweig auf die in der Khalid Lagoon liegende Insel mit einem großen Vergnügungs-, Wasser- und Freizeitpark, dazu Jahrmarkt, Pools und Miniatureisenbahn. Das Riesenrad *Eye of the Emirates* erlaubt aus 60 m Höhe und 42 klimatisierten

Mitten in der Lagune von Sharjah liegt das grüne Al Noor Island

Glaskabinen Blicke bis nach Dubai. *Sa–Do 10–22, Fr 10–19.30 Uhr | Eintritt 10 Dh, Wasserpark 120 Dh | Flag Island | almontazah.ae*

AL NOOR ISLAND

Die kleine, über eine Fußgängerbrücke zu erreichende und autofreie Insel inmitten der Lagune von Sharjah wurde zu einem tropischen Natur- und Freizeitparadies umgestaltet. In einem 🔭 *Butterfly House* leben über 500 aus Asien und Südamerika stammende Schmetterlingsarten, die man beim Spaziergang durch das üppig bewachsene Gehege sehen kann. Es gibt Kunstinstallationen, einen Kaktusgarten und Spielbereiche für kleinere Kinder sowie ein hip gestyltes kleines Café. Daneben kannst du an zahlreichen (kostenpflichtigen) Events teilnehmen – vom Sterne beobachten mit dem Teleskop bis zu Yoga. *Tgl. 9–18 Uhr | Eintritt 35 Dh, Kinder bis 12 J. 20 Dh, Butterfly House 15 bzw. 10 Dh | Khalid Lagoon, gegenüber Al Noor Moschee | alnoorisland.ae*

SHARJAH NATIONAL PARK

Der mit mehr als 60 ha größte von Sharjahs insgesamt 35 Parks bietet eine „Sharjah Miniature City" mit Modellen der Sehenswürdigkeiten, eine vierspurige Riesenrutsche, einen traditionellen Coffeeshop, einen kleinen Zoo und vor allem eine Fahrradvermietung. Achtung: Man darf mit den Rädern nur im Park fahren. *Tgl. 8–22 Uhr | Eintritt 6 Dh | Al-Dhaid Road | Intersection 5 (3 km nach der Airport Bridge)*

STRÄNDE

Aquamarinblaues Wasser, weißer Sandstrand, bequeme Liegen und ein nettes Café verleiten am öffentlichen 🏖 *Strand von Al-Khan (alkhanbeach. com)* zu relaxten Stunden in der Sonne. Es sei denn, du wirst aktiv und probierst eine der angebotenen Beach-Sportarten. Sei im Wasser bloß vorsichtig: Gelegentliche Strömungen ziehen Schwimmer hinaus ins Meer. Sicherer ist der (meist überfüllte) *Strand vor der Sharjah Corniche Road*.

AUSGEHEN & FEIERN

Seitdem Sharjah alkoholfrei ist, hat sich das Nachtleben ins benachbarte Dubai verlagert. Als Alternative versucht man, das kulturelle Leben zu fördern. Das ganze Jahr über finden Dichterlesungen, Ausstellungen und Musikabende statt. *Infos bei der Sharjah Tourism Authority (sharjahtourism.at).*

In den Hotels finden wöchentliche kulinarische Themenabende statt wie „Italian Night" und „Arabian Night" zu denen Bands unterhalten. Ansonsten sind in Sharjah nach 23 Uhr nur die nachtaktiven Tiere des Sharjah Desert Park unterwegs.

RUND UM SHARJAH-STADT

SHARJAH DESERT PARK ⭐

25 km / 30 Min. (Auto) von Sharjah-Stadt

Der weitläufige Desert Park mit einem hervorragenden *Naturkundemuseum (Natural History Museum)* besitzt einen der schönsten Tiergärten der Emirate. Er ging hervor aus einer Initiative des Herrschers zum Schutz der vom Aussterben bedrohten Oryx-Antilope. Fotos und Dokumentationen machen mit der Fauna und Flora der Arabischen Halbinsel bekannt. Ausgestellt sind Muschelsammlungen, ungewöhnliche Fossilien und große, in der Wüste gefundene Kristalle.

Ein Bereich ist den in der Wüste vorkommenden Pflanzen gewidmet *(Botanical Museum)*, während im *Arabia's Wildlife Centre* ca. 100 Tierarten beheimatet sind, darunter auch nachtaktive Wüstenbewohner. Neben dem *Aquarium* gibt es einen  *Streichelzoo (Children's Farm)*, in dem die halbzahmen Säugetiere im Außengelände von Kindern auch gefüttert werden können. Vom Café aus beobachtest du durch große Glasscheiben Antilopen, Strauße und Giraffen in einer Savannenlandschaft. *So, Mo, Mi, Do 9–18.30, Sa 11–18.30 Uhr | Eintritt 15 Dh, Kinder 5 Dh | Al-Dhaid Road, Intersection 9 | epaashj.ae/learning-centers/desert-park-centers | 📖 K4*

SCHÖNER SCHLAFEN IN SHARJAH

MEERESRAUSCHEN INKLUSIVE

Direkt am goldenen Sandstrand thront das sympathische *Coral Beach Resort (53 Zi. | Al Muntazah Street, Sharjah Corniche | Tel. 06 52 99 99 | hmhhotelgroup.com/en/uae/sharjah/coral-beach-sharjah | €€).* Herrlich sind die üppigen Kokospalmen, die den Poolbereich umgeben, im Seafood-Restaurant trifft man sich auf der Terrasse zu einem Sundowner.

AJMAN & UMM AL-QAIWAIN

HIER TICKEN DIE UHREN ANDERS

Die beiden Emirate besitzen kein Erdöl und werden von der Föderation finanziell unterstützt.

Das winzige *Ajman* (290 000 Ew.), nur 260 km² groß und von Sharjah eingerahmt, verfügt über einen 16 km langen Küstenstreifen, an dessen nördlichem Ende die gleichnamige Hauptstadt liegt. Touristisches Kapital ist der breite Sandstrand mit zahlreichen Hotels, die in den Wintermonaten auch viele osteuropäische Touristen anziehen. Hier wohnt man noch um ein Drittel günstiger als in Dubai und Abu

Authentisches Flair statt Glitzerfassade: das Alte Fort von Umm al-Qaiwain

Dhabi. Eine große Bucht, die vom offenen Meer durch Inseln geschützt ist, ist das natürliche Kennzeichen von *Umm al-Qaiwain*. Am nördlich an Sharjah angrenzenden Emirat leben auf 777 km² Fläche etwa 100 000 Ew., die von Landwirtschaft, Fischfang und vom Handel leben. Zehn in der Bucht liegende Inseln, zum Teil mit Mangroven bewachsen, sind Heimat für seltene Vögel, im Meer tummeln sich Riesenschildkröten und Seekühe. Unberührt ist nach wie vor auch die 40 km lange Küste, an der erst wenige Strandhotels liegen.

AJMAN & UMM AL-QAIWAIN

ARABIAN GULF

Umm al-Qaiwain Museum ★

Umm Al-Quwain
S.91

55

11

27 km, 30 Min.

20 km, 20 Min.

Al Hamriyah

182

Ajman
S.90

Ajman Museum ★

30 km, 30 Min.

Ajman Beach ★

Ajman

11

182

AJMAN EMIRATE

3 km
1.86 mi

MARCO POLO HIGHLIGHTS

★ **AJMAN MUSEUM**
Das antike Fort der Herrscherfamilie ist
jetzt ein Museum ➤ S. 90

★ **AJMAN BEACH**
Der weiche, helle Sand lädt zum Joggen
und Sonnenbaden ein und das Meer
wirkt deutlich lebendiger als in Dubai
➤ S. 91

★ **UMM AL-QAIWAIN MUSEUM**
Die historischen Schätze des Emirats
werden im alten Fort ansprechend
präsentiert ➤ S. 92

11

UMM AL-QUWAIN

311

611

UNITED ARAB EMIRATES

○ Al Surrah

○ Mohadhub

Al-Labsa Camel Race Track **1**

○ Al Lebsa

55

SHARJAH

611

AJMAN

(□ J3) **Lebhaft, zunehmend indisch und anziehend für russische Touristen: Die Stadt Ajman (270 000 Ew.) umfasst nahezu das gesamte Emirat und präsentiert sich bislang mit älteren, niedrigen Betonhäusern und einer Mischung aus arabischem und indischem Ambiente.**

In schlichten *teashops* sitzen die Männer bei einem Glas Tee oder einem Mangosaft zusammen, verschleierte Frauen, begutachten das Angebot in den Läden: landestypische Trachten, Duftöle und Elektronika aus Fernost. Da Ajman vielen *expatriates* – hauptsächlich Indern, denen Dubai und Sharjah zu teuer sind – als Wohnort dient, gibt es auch vorzügliche indische Restaurants.

SIGHTSEEING

AJMAN MUSEUM ⭐

Für annähernd 200 Jahre beherbergte das fortähnliche Bauwerk die Herrscherfamilien. Zwei Wachtürme flankieren das Eingangstor, im Freien befindet sich eine nachgebaute Souk-Gasse, die den Alltag vor dem Ölboom zeigt. Im Fort untergebracht sind Exponate zur islamischen Tradition, Kunsthandwerk und Exponate zur Heilkunde der Beduinen. *Sa–Do 8–20, Fr 14.30–20 Uhr | Eintritt 10 Dh | Aziz Street | beim Al-Hosn R/A | ⏱ 1 ½ Std.*

AJMAN ABAYA SOUQ ⚑

Abayas, Schals, Tücher und alles, was frau in den VAE so trägt: In den se-

henswerten Schneiderwerkstätten freut man sich über interessierte Besucher. Schau dir die üppig bestickten und romantischen Kreationen näher an, für Europäerinnen exotisch und außergewöhnlich, aber durchaus tragbar. *Tgl. 9–23 Uhr | Sheikh Hamad Building, 4th floor, Bereich A-F | Sheikh Rashid Bin Humaid Street | Al Owan, Al Nakhil 1*

INSIDER-TIPP
Für den Mädelsabend daheim

DHOW YARD

In Ajman werden in einem großen Baugelände Dhaus in traditioneller Weise gefertigt. An rund 20 Booten wird gearbeitet, und Besucher sind eingeladen, bei der Arbeit zuzusehen. *Ajman Creek (Khor Ajman), südliches Ende*

ESSEN & TRINKEN

BUKHARA

Die gewürzreiche nordindische Küche wird hier in einer leichteren, auf den europäischen Geschmack zugeschnittenen Version zubereitet. *Tgl. | Ajman Hotel | Sheikh Humaid Bin Rashid Al Nuaimi Street | Ajman Corniche | Tel. 06 7 14 55 55 | €€*

PAPPA ROTI

Die in Malaysia gegründete Cafékette ist in den VAE ein Renner. Auf der Speisekarte gibt es zahlreiche sog. „Pappa Combos", bei denen zu Kaffee- oder Teespezialitäten ein süßes Brötchen serviert wird. *Tgl. | Corniche Av., ground floor | Ajman Corniche | pappa roti.ae/ajman-corniche | €*

Wie einst Süßigkeiten hergestellt wurden, kann man im Ajman Museum erfahren

KARACHI DARBAR

Je weiter weg vom Hotspot Ajman Corniche, desto günstiger werden Cafés und Restaurants. Im Karachi Darbar etwa wählst du unter köstlichen chinesischen, indischen und pakistanischen Gerichten. **Hier schmeckt der süße, würzige Tee aus Indien mit Milch und reichlich braunem Zucker aufgekocht besonders gut.** *Tgl.* | *Sheikh Khalifa bin Zayed Street* | *gegenüber Ajman Bank* | *Al-Rashidiya 3* | *Tel. 06 7 44 45 00*

INSIDER-TIPP
Masala Tea – was sonst?

STRAND

Der ⭐ 🏖 *Ajman Beach* ist hell und feinsandig, zudem auch während des Winters nie überfüllt. Hier kannst du **in den Strandbars der ansässigen Beach Resorts Platz nehmen** und den Drink des Tages ordern. Cheers!

INSIDER-TIPP
Sundowner zur Happy Hour

Beachte: Wegen starker Strömungen ist Schwimmen hier nicht ungefährlich.

UMM AL-QAIWAIN

(𝄜 J3) **Die Hauptstadt des Emirats (55 000 Ew.) liegt am nördlichen**

WOHIN ZUERST?

Fahr mit dem Auto an der Ostseite der Halbinsel auf der Sheikh Ahmed Bin Rashid Al Mualla Road nach Norden, vorbei am Markt und dem Palma Beach Hotel. Am **Hafenbecken** parkst du und gehst zum Fort-Museum. Von dort bietet sich eine Wanderung durch die Altstadt an die Westseite zum Park Corniche Garden an.

Vorratsgefäße aus dem 1.–2. Jh. im Umm al-Qaiwain Museum

Ende einer lang gestreckten Halbinsel. Die Altstadt erstreckt sich um eine kleine Bucht des östlich gelegenen Creeks, in dem Dhaus und Fischerboote vor Anker liegen.

Die Bau- und Restaurierungswelle der anderen Emirate hat die Stadt noch nicht erreicht. Und zu den Vergnügungen der Männer in den traditionellen weißen *dishdashas* gehören nicht teure Autos und Immobilien wie in Dubai, sondern ein Plausch mit Freunden, das Zusammensitzen bei Brettspielen oder der Wasserpfeife. *25 km nördlich von Sharjah, 30 Min. Fahrt mit Auto oder Taxi*

SIGHTSEEING

OLD TOWN

Zwischen neueren Bauwerken, in denen kleine Läden untergebracht sind, entdeckst du auch immer wieder ältere, aus Korallenkalkstein erbaute Häuser im arabischen Stil, leider stark vom Verfall bedroht. Größter Schatz sind die westlich der Altstadt entlang der Al-Soor Street liegenden drei Wachtürme, die einst Teil der alten Stadtmauer *(soor)* waren und heute restauriert werden. *Am nördl. Ende der Halbinsel*

UMM AL-QAIWAIN MUSEUM

Von hohen Lehmmauern umgeben und von Rundtürmen überragt, wurde das ehemalige Fort der Herrscher (1770) restauriert und ist heute ganz der Vergangenheit gewidmet. In den einzelnen Abteilungen siehst du beispielsweise den *majlis* (den traditionellen Versammlungsraum der einheimischen Männer), eine archäologische Sammlung von interessanten Ausgrabungsstücken aus der Region sowie eine altertümliche Küche. *Sa–Do 7–14 u. 17–20, Fr 17–20 Uhr | Eintritt 5 Dh | Al-Lubna Road | Old Town | ◷ 45 Min.*

MARKT

Jeden Morgen wird auf dem kleinen Markt für Gemüse, Obst und Fisch rege gehandelt. Komm am besten vormittags, wenn die Fischer ihre nächtlichen Fänge abliefern. *Tgl 7–18 Uhr | Sheikh Ahmed Bin Rashid al-Mualla Road | Ostseite der Stadt nördlich des Pearl Beach Hotels*

ESSEN & TRINKEN

PALMA COFFEE SHOP
Abends ein netter Ort, um an der Lagune zu essen (arabische und internationale Küche), eine Shisha zu rauchen und mit Einheimischen aktuelle Sportübertragungen zu sehen: *public viewing* à la Umm Al-Qaiwain. *Tgl. | Palma Beach Resort | Al Khor 1 | Tel. 06 7 66 70 90 | palmabeachuaq.com | €€–€€€*

SIKKAT BEIRUT
Bekannt für erstklassiges libanesisches Essen und exotische Mocktails; Klassiker sind der Tabouleh-Salat (mit Hirse) und natürlich das Falafel-Sandwich. *Tgl. | Al Ittihad Road | Salamah | Tel. 06 7 67 00 77 | sikkatbeirut.com | €€*

UMM AL QAIWAIN BEACH RESTAURANT
Lust auf Meer und Palmen? Für einen Sundowner und den libanesischen Grillteller ist das Strandrestaurant eine tolle location, wenn es überall sonst im Freien zu heiß ist. *Tgl. | Sheikh Saud bin Rashid Al Mualla Street | Tel. 06 7 66 67 78 | thebeachhoteluaqw. com | €€*

SPORT & SPASS

UAQ MARINE CLUB
Der Club bietet für Besucher Wasserski, Windsurfing und Kajaks für Touren in der Lagune. *Tgl. 8–19 Uhr | Preise vor Ort | Sheikh Ahmed Bin Rashid al-Mualla Road | neben Pearl Beach Hotel | Tel. 06 7 66 66 44 | uaqmarineclub.com*

RUND UM UMM AL-QAIWAIN

1 AL-LABSA CAMEL RACE TRACK
45 km / 1 Std. (Auto) von Umm al-Qaiwain

An der Straße von Umm al-Qaiwain liegt kurz vor Falaj al-Mualla im Windschatten hoher Sanddünen eine Kamelrennbahn. Während der Wintermonate werden die Tiere jeden Vormittag trainiert. Die Kamelrennen sind ein lautes Ereignis, an dem hauptsächlich einheimische Männer und Gastarbeiter teilnehmen. Touristen werden interessiert beäugt und willkommen geheißen. *Kamelrennen Okt.–März Do u. Fr ab 7 Uhr morgens | Eintritt frei | E55 Al-Labsa | ⌁ K3*

SCHÖNER SCHLAFEN IN AJMAN

ICH BIN DANN MAL WEG
Das *Fairmont Ajman (252 Zi. | Sheikh Humaid Bin Rashid Al Nuaimi Street | Tel. 06 7 01 57 57 | fairmont. de/ajman | €€€)* bietet toll gestaltete, mit den jüngsten technische Spielereien ausgestattete Balkonzimmer mit Blick aufs Meer. Abends hast du die Wahl unter mehreren tollen Restaurants und Beach Bars, tagsüber relaxt du am makellos gepflegten Privatstrand, der Sundowner wird dann in der romantischen Bar Lounge unter Palmen serviert.

RAS AL-KHAIMAH

ACTION IN DEN BERGEN

Ganz klar: Ras Al-Khaimah ist das landschaftlich schönste der Emirate. Die Berge erheben sich hier bis auf 1800 m, neben Bilderbuch-Wüste und hoch aufragenden Sanddünen findest du hier auch breite Strände und alte Oasendörfer.

Das am weitesten nördlich gelegene Emirat mit einer Größe von 1700 km^2 und 250 000 Ew. grenzt mit der gebirgigen Musandam-Halbinsel an Oman und die Straße von Hormuz. Viele Gebirgsquellen ermöglichen dem erdölarmen Ras al-Khaimah eine blühen-

Wie so viele in den Emiraten ist auch diese Insel künstlich: Al-Marjan Island

de Landwirtschaft. Der 40 km lange Streifen an der Westküste von Ras al-Khaimah war vom 17. bis zum 19. Jh. berüchtigter Piraten-stützpunkt. Touristisch hat sich das Emirat in den letzten Jahren rasant entwickelt, u.a. schuf man eine künstliche Inselgruppe: *Al Marjan Island*, das in seiner Form an eine Koralle erinnern soll. Auch als Ziel für Action-Urlauber ist das gebirgige Ras Al-Khaimah top: Auf dem *Jebel Jais* kannst du an der längsten Zipline der Welt in die Tiefe gleiten!

RAS AL-KHAIMAH

MARCO POLO HIGHLIGHTS

★ **NATIONAL MUSEUM**
Exponate von Fundstücken aus der Bronzezeit bis zu Porzellan aus China
➤ S. 98

★ **AL-DHAYAH FORT**
Jahrhundertealter militärischer Stützpunkt ganz oben auf einem Hügel
➤ S. 102

★ **JEBEL JAIS FLIGHT**
Mit 150 km/h vom Bergplateau in die Tiefe flitzen: Die längste Seilrutsche der Welt steht im Guinness Buch der Rekorde ➤ S. 103

ARABIAN GULF

National Museum ★

Ras-Al-Khaimah-Stadt
S. 98

4 km, 10 Min.

1 Al-Jazirah Al-Hamra

11

611

Al Hamra Beach

Al-Marjan Island

2 Camel Race Track

UNITED ARAB EMIRATES

UMM AL-QUWAIN

311

18

5 km
3.11 mi

Khor Khwair

Jebel Jais Flight ★ 📍

6 Jebel Jais

Kebdah

Al Wasib

4 Al-Dhayah Fort ★

Salhad

18

MUSANDAM
GOVERNORATE

20 km, 30 Min.

65 km, 1 Std. 10 Min.

Wadi Bih **5**

Ras

Sabtan

RAS AL-KHAIMAH

Tafif

OMAN

Sharmilah

3 Khatt Springs

FUJAIRAH EMIRATE

bhab

RAS-AL-KHAIMAH-STADT

(▢ K2) **Lebhaft und chaotisch ist die Neustadt, ruhiger und überschaubarer dagegen die Altstadt von Ras Al-Khaimah.**

Die 160 000 Ew. zählende Stadt 100 km nördlich von Dubai wird durch die Lagune Al-Khor in die westliche Altstadt und die östliche Neustadt Al-Nakheel mit der Oman Road geteilt. Insgesamt besticht die Stadt durch ein vitales Nebeneinander aus modernen Shoppingmalls, Bürogebäuden, neuen Bauprojekten und einem eher einfachen, unverfälscht orientalischen Lebensstil. Niedrige ältere Gebäude, dazwischen viel Grün, dominieren das Stadtgebiet. Gleich außerhalb des Stadtzentrums liegen breite Strände, weiß und feinsandig. Die Ausläufer des Hajar-Gebirges reichen bis zu 10 km an die Stadt heran und sorgen für ein phantastisches Panorama Mehrere zum Teil bereits fertiggestellte Luxus-Immobilienprojekte und 5-Sterne-Hotels ziehen europäische Investoren und Besucher an. Insgesamt herrscht eine gewisse Aufbruchstimmung und man begegnet zunehmend Westlern.

SIGHTSEEING

Kommen wenig Besucher, kann es sein, die Sehenswürdigkeiten sind über Mittag geschlossen.

FISHMARKET

Einheimische und *expatriates* aus Asien und Arabien begutachten die Ware, verhandeln und kaufen. Es ist laut, riecht intensiv, und die Atmosphäre ist freundlich. Im Eingangsbereich gibt es lokale landwirtschaftliche Produkte wie Honig, Gewürze und Milch. Gegenüber am Meer wird der Fisch direkt aus den Booten auf eine Auktionsfläche gekippt und versteigert. *Tgl. | Sheikh Mohammed Bin Salem Road | Mareedh*

NATIONAL MUSEUM ★ 🌡

Zinnen, Wachtürme und ein kleiner tropischer Garten: Das bedeutendste Museum des Emirats ist untergebracht im eindrucksvollen Old Fort. 1736–49 von den Persern errichtet, 1819 von den Briten zerstört, wurde das alte Fort wieder aufgebaut und erweitert. Bis 1960 lebte hier der herrschende Emir Al-Qasimi mit seiner weit verzweigten Familie. Auch die Wachtürme und Windtürme sind zu besichtigen. Ausgestellt ist u. a. eine Sammlung von

---

WOHIN ZUERST?

Mit dem Auto suchst du zunächst das City Centre oder das RAK Museum und parkst vor dem **National Museum**. Dann spazierst du zur Corniche am Arabischen Golf oder entgegengesetzt zur Corniche an der Lagune. Oder du nimmst die Fähre über den Kanal der Lagune und besuchst das Ahmed Bin Majid-Seefahrermuseum.

Das National Museum ist in einem alten Fort untergebracht

Silbermünzen aus dem 10. und 11. Jh. Die naturgeschichtliche Abteilung zeigt eine umfangreiche Muschel- und Fossilienkollektion sowie Werkzeuge aus dem 1. Jh. v. Chr. Tonwaren aus Al-Ubaid, Mesopotamien (heute Irak), die vor 5000 Jahren gehandelt wurden, sowie Exponate aus den bronzezeitlichen Gräbern von Shimal gehören zu den größten Schätzen des Museums.

Aus *Julfar*, 3 km nördlich von Ras al-Khaimah, vom 14. bis 17. Jh. der bedeutendste Hafen der Emirate, stammen weitere Ausgrabungsfunde, hauptsächlich aus China und dem Iran stammendes Porzellan (die abgesperrte Grabungsstätte liegt im Industriegebiet und ist nicht zu besichtigen). *Sa–Do 8–18, Fr 15–18 Uhr | Eintritt 5 Dh | Old Fort | Al-Hosn Road | ⏱ 45 Min.*

MUSEUM & CENTRE OF THE NAVIGATOR AHMED BIN MAJID

Das in der Neustadt versteckte Museum ist dem berühmten Seefahrer und Kartografen aus dem 15. Jh. gewidmet. Ausgestellt sind Boote, Seekarten und Navigationsgeräte. *Sa–Do 9–12 u. 16–19 Uhr | Eintritt frei | Al Mamourah Road | ⏱ 45 Min.*

DHOW BUILDING YARD

Am Strand von Al Maareedh kannst du hölzerne Dhaus entdecken, die nach traditioneller Art von indischen und pakistanischen Zimmerleuten von Hand gefertigt werden. Besucher sind willkommen. *Nördl. Stadtrand*

SHIMAL (SHAMAL)

Sehenswert ist die archäologische Stätte Shimal wegen eines gewaltigen

Bergrückens, der das Dorf Shamal Julphar überragt. Gekrönt wird dieser von den Ruinen einer ehemals befestigten Siedlung, „Sheba's Palace", also „Palast der Königin von Saba", wie die Einheimischen die Stätte nennen. Die archäologischen Funde (Töpferwaren, heute im Museum von Ras al-Khaimah) sprechen jedoch für ein Alter von nur etwa 500 Jahren. Sichtbar sind die Reste eines Brunnens und einer Zisterne. Vom Berg genießt man einen phantastischen Ausblick bis zur Stadt Ras al-Khaimah. *Oman Road (E11) | 7 km nordöstl.*

ESSEN & TRINKEN

AL-SAHARI

Günstige und gute arabische Küche, freundlicher Service. Probier den gebackenen „Sultan Ibrahim Fish", den orientalischen Salat und das Fladenbrot. *Tgl. | Sheikh Mohammed Bin Salem Road | Old Town (am Postamt) | Tel. 07 2 33 39 66 | €€*

BELGIAN BEER CAFÉ

Hier sitzt du am Abschlag: In dem zum Golf Club gehörenden Café wird die Belgische Tradition hochgehalten: beste Biersorten, dazu frische, hausgemachte Pommes, Sandwiches und andere Kleinigkeiten. *Tgl. | Vienna Street | belgianbeercafealhamra.com | €*

LEXINGTON GRILL

Ob Surf & Turf oder trocken gereiftes (dry aged) Rib Eye-Steak, besser als hier kann es nicht schmecken. Dazu gibt's die tolle Atmosphäre eines klassischen New Yorker Steakhouses. Lass dir abends einen Tisch auf der Terrasse reservieren: das Candle-Light-Dinner unter Sternen ist ein Erlebnis für sich, mit Grandezza und im legendären Waldorf-Astoria-Stil! *Tgl. | Waldorf Astoria | Vienna Street | Tel. 07 2 03 55 33 | waldorfastoria3.hilton.com | €€€*

INSIDER-TIPP
Starry starry night

Kamelrennen mit Jockey-Robotern auf dem Camel Race Track von Al-Salwan

RIO BEACH BAR

Singapore Sling, Caipirinha oder Mai Tai: klassische Cocktails, perfekt gemixt, ästhetisch serviert. Und obendrein gibt's romantische Strandatmosphäre. Mit täglicher Happy Hour! *Tgl. | Hilton RAK Resort & Spa | Al Maareedh Street | Tel. 07 2 28 88 44 | €€*

SHOFEE ROOF LOUNGE

Fajitas, Chicken Wings oder Calamari, dazu ein Beck's oder Heineken und den Traumblick aufs Meer und die Küste von Marjan Island. Gechillt wird in relaxter Atmosphäre und bei angesagter Pop-Musik. *Tgl. | Double Tree by Hilton Marjan Island | Marjan Island Blvd | Tel. 07 2 03 00 00 | hiltonhotels. de | €*

SHOPPEN

MANAR MALL

Zu dem großen Einkaufszentrum gehören über 100 Shops (auch internationale Marken), ein Carrefour-Supermarkt, SB-Restaurants und -Cafés. *Tgl. | Al-Muntasir Road | manarmall.com*

TRADITIONAL SOUK

In diesem alten Souk neben dem Fischmarkt im Nordosten der Old Town findest du arabisches Kunsthandwerk und Souvenirs in besserer Qualität und sehr viel günstiger als in Dubai und Abu Dhabi. *Al-Qawasim Corniche Road | nördl. des Museums*

STRÄNDE

Weiß und feinsandig: Der breite, bestens gepflegte 🏖 *Al Hamra*

Beach vor den Luxushotels The Ritz-Carlton Ras Al Khaimah, Hilton und Waldorf Astoria ist ideal zum Sonnenbaden und fürs Beach Walking, natürlich auch zum Baden. Wer hier keine Zimmerkarte hat, packt ein Strandlaken ein.

RUND UM RAS AL-KHAIMAH

1 AL-JAZIRAH AL-HAMRA

20 km / 30 Min. (Auto)

Ein verlassenes Fischerdorf direkt am Meer, das früher auf einer rötlich schimmernden Sandbank stand und bei Flut zur Insel wurde; daher der Name „rote Insel" *(jazirah = Insel, hamra = rot)*. Heute ist die Umgebung aufgeschüttet und Festland. Die Bewohner sind in neue Häuser weiter landeinwärts gezogen und unterhalten nördlich des Dorfs einen kleinen Fischerhafen, nur noch wenige leben in den Ruinen. Die zerfallenen Häuser werden vom noch intakten Minarett der Moschee überragt, ein Spaziergang erlaubt einen Blick in die Bau- und Lebensweise vergangener Zeiten, ohne Erdöl und Wohlstand. Zwischen den Ruinen erheben sich alte Wachtürme. *K3*

2 CAMEL RACE TRACK

9 km / 15 Min. (Auto) südöstl.

Auf dem 10 km langen Rundkurs lässt sich freitag- und samstagvormittags

Unterwegs auf Arabiens erstem Klettersteig am Jebel Jais

das Training beobachten, Rennen finden Fr und Sa zwischen 6.30 und 9.30 Uhr (Okt.–April) statt. *Al-Sawan | Digdagga | ▣ K3*

🔟 KHATT SPRINGS

20 km / 30 Min. (Auto)

Das kleine Dorf Khatt ist den Einheimischen gut bekannt: Eine mineralhaltige, 40 Grad heiße Quelle versorgt die Pools eines öffentlichen Bads (für Männer und Frauen getrennt) und den Wellnessbereich eines Hotels. Die schwefelhaltige Quelle ist nicht nur gut bei rheumatischen Erkrankungen, sondern macht auch die Haut seidenweich und hilft bei Irritationen. *Tgl. 8–22 Uhr | Eintritt 25 Dh | ▣ K3*

INSIDER-TIPP
Haut-schmeichler

🔟 AL-DHAYAH FORT ⭐

13 km / 20 Min. (Auto)

Das teilweise restaurierte Kastell wurde im 18. Jh. auf den Ruinen eines im 16. Jh. aus Lehmziegeln erbauten und später von den Portugiesen erweiterten Forts errichtet. Es erhebt sich mit zwei Türmen auf der Spitze eines Hügels (Treppe an der Rückseite) und gewährt einen umfassenden Blick auf die Dattelpalmen des Ortes Dhayah, das Hajar-Gebirge und den Arabischen Golf. 1819 wurde das Fort von den Briten eingenommen und schwer beschädigt. *Tgl. 8–12 und 15–18 Uhr | Eintritt frei | Rams Road (nordöstl. von Rams) | ▣ K2*

🔟 WADI BIH

30 km / 90 Min. (Jeep)

Das Hajar-Gebirge zieht sich vom omanischen Musandam 600 km südöstlich durch die VAE und Oman und erreicht in Ras al-Khaimah Höhen von 1800 m. Eine außergewöhnliche Möglichkeit, das Gebirge hautnah zu erleben, ist eine Tour ins *Wadi Bih*. Aufragende Felsen in allen Braun- und Grauschattierungen, immer enger rückende Felswände, ansteigende Serpentinenpisten und phantastische Ausblicke, eine bizarre, karge Atmosphäre mit toller Weitsicht dank des klaren Lichts. Das Wadi verläuft von Ras-al-Khaimah-Stadt in östlicher Richtung bis Zighy Bay an der Ostküste durch das Gebirge. Die komplette Fahrt muss mit Vierradantrieb unternommen werden, da nur ein Teil der Strecke asphaltiert ist. Da man VAE-Grenzposten und die Grenze zu Oman passiert, gehört der Pass ins Gepäck (erkundige dich im Hotel nach den aktuellen Bestimmungen). Zahlreiche Veranstalter bieten diese abenteuerliche Tour an. *L2*

6 JEBEL JAIS
60 km / 90 Min. (Auto)

Wow! Auf den östlich im Hajar-Gebirge liegenden 1934 m hohen Jebel Jais – den höchsten Berg der VAE – führt eine bestens, z. T. dreispurig ausgebaute Passstraße, die sich in langen Serpentinen 20 km vom Fuß des Berges hinauf windet. Unterwegs gib es diverse Aussichtsterrassen und Parkplätze, und wer aussteigt, kann den Blick auf die karg bewachsene Bergwelt genießen und entdeckt alte, verlassene Steinhäuser.

DER-TIPP
Der frühe Vogel...

Willst du zum Sonnenuntergang auf dem Gipfel sein, solltest du spätestens gegen 16 Uhr aufbrechen, da die Sonne hier oben schon recht früh verschwindet! Vielleicht bist du aber auch auf Adre-

nalin aus: Oben auf dem Gipfel wartet mit dem ★ *Jebel Jais Flight (ab 550 Dh | Reservierung unter torover deuae.com)* eine Rekordattraktion – die längste Zipline der Welt! Die Seilrutsche überwindet 2830 m und befördert dich in wenigen Minuten und mit atemberaubendem Tempo zunächst auf eine frei schwebende Landeplattform und von da aus zur Erde. Zuviel des Guten? Dann probierst du den professionellen *Klettersteig (Via Ferrata)* aus, der insgesamt 470 Meter lang ist und drei Parcours mit verschiedenen Schwierigkeitsgraden umfasst. 👥 Auch Jugendliche ab 12 Jahren dürfen auf der nach strengen Sicherheitskriterien konzipierten Strecke klettern. *L2*

SCHÖNER SCHLAFEN IN RAS AL-KHAIMAH

IM WÜSTENRESORT

Das *Ritz-Carlton Al Wadi Desert (101 Poolvillas | Wadi Al Khadiya, 20 km südl. RAK-Stadt, E 311 nach Norden, Exit 119, dann 7 km südl. | Tel. 07 2067777 | ritzcarlton.com | €€€)* liegt inmitten der goldgelben schimmernden Sanddünen in einem Naturschutzgebiet, in dem Gazellen und weitere Wildtiere leben. Gäste wohnen in luxuriösen Zeltbungalows. Mit dem Pferd oder zu Fuß wird die Umgebung erforscht, in der Falknerei erfährt man Spannendes über das alte arabische Hobby. Und ein Shuttle-Service stellt die Verbindung zum 30 Minuten entfernten, hoteleigenen Beachclub her.

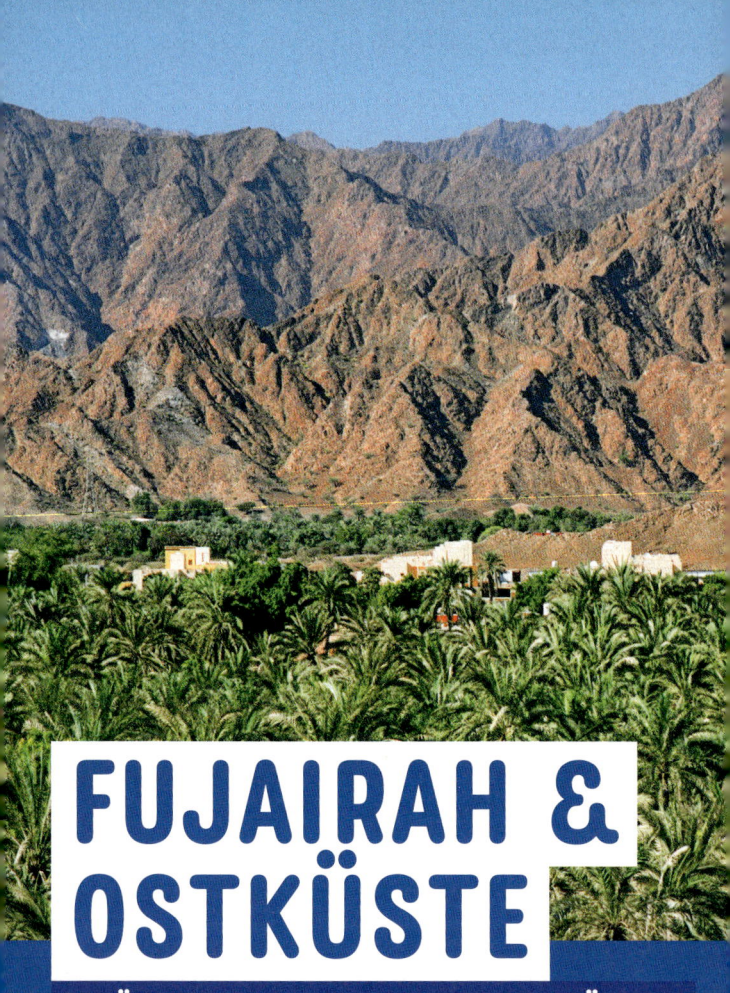

FUJAIRAH & OSTKÜSTE

GRÜNE LANDSCHAFTEN UND BULLENKÄMPFE

Dunkel schimmernde Sandstrände, Palmen und am Horizont die Gebirgslandschaft des Hajar-Gebirges – die Ostküste gehört zu den landschaftlich herausragenden Zielen der Emirate.

Das kleine Emirat (130 000 Ew.) am Golf von Oman entwickelte sich über Jahrhunderte isoliert von den übrigen Emiraten, auch weil die kälteren und tieferen Gewässer des Golfs ein Aufblühen der Perlentaucherei verhinderten. Auch Öl fand man an der Ostküste nicht. Doch die strategische Lage am Golf von Oman veranlasste die reichen

Beeindruckende Kulisse: Palmenplantage vor dem Hajar-Gebirge

Nachbarn, zwei Häfen einzurichten, eine Straße und eine Pipeline durch das Hajar-Gebirge zu bauen. Damit wurde – in Konfliktfällen – die Versorgung mit Importgütern gesichert. In den Tälern von Fujairah mit 50 Dörfern und Dattelpalmen-Hainen betreibt man Geflügelzucht und – dank eines Stausees – ertragreiche Landwirtschaft. Seit einigen Jahren entstehen immer mehr Badehotels. Auch Taucher schätzen die Region, da der Golf von Oman mit Korallenbänken und felsigen Gründen mehr bietet als die flache, sandige Westküste.

FUJAIRAH & OSTKÜSTE

Bukha

Al Jeer

Ghalilah

18

A R A B I A N
G U L F

Ras Al Khaimah

11

RAS AL-KHAIMAH

311

611

MUSANDAM
GOVERNORAT

Umm Al Quwain

18

UMM AL-
QUWAIN

11

Al Hamriyah

55

Ajman

AJMAN
EMIRATE

Falaj Al-Mu'alla

Al Ghail

Sharjah

Manama

88

Masafi Friday Market 3

Al Batayih

88

Al Dhaid

DUBAI

SHARJAH EMIRATE

44

102

84

311

Milehah

UNITED ARAB EMIRATES

55

RAS AL
KAIMAH

15 km
9.32 mi

Lahbab

44

84

64

66

Strait of Hormuz

Dawhat Ash Shisah

Khor Sham

Khasab

Ghibbit Shabus

7 Musandam

Khor Al Hablayn

HORMOZGAN
PROVINCE

OMAN

Dahwat Dibba

Dibba

6

⑨

7 km, 8 Min.

Dibba Beach

Al-Aqah Beach

Sharm

5 Al-Bidyah Mosque ★

Vurayah

4 Khorfakkan

Al Theeb

OMAN

FUJAIRAH
EMIRATE

40 km, 40 Min.

Fujairah Fort ★

Farfar

● **Fujairah-Stadt**
S. 108

Kalba

60 km, 1 Std.

GULF OF
OMAN

2 Khor Kalba ★

1 Kalba Bird of Prey Centre ★

MARCO POLO HIGHLIGHTS

★ **FUJAIRAH FORT**
Das historische Fort überragt die
zerfallenen Mauern der Altstadt
➤ S. 108

★ **KALBA BIRD OF PREY CENTRE**
Gewaltige Geier landen auf dem Arm
der Falkner ➤ S. 110

★ **KHOR KALBA**
Schutzgebiet mit Flamingos,
Kormoranen und Co. ➤ S. 110

★ **AL-BIDYAH MOSQUE**
Zu Füßen des Hajar-Gebirges – die
älteste Moschee der Emirate ➤ S. 112

Südlich an Fujairah-Stadt schließen sich die zu Sharjah gehörenden Ortschaften Kalba und die Lagune Khor Kalba an, eine einzigartige Naturlandschaft.

In der geografischen Mitte der Ostküste liegt Sharjahs Exklave *Khorfakkan* (40 000 Ew.). Im Norden sind an den Stränden südlich von Dibba zahlreiche 3- bis 5-Sterne-Hotels entstanden.

FUJAIRAH-STADT

(□ L4) **Im Süden der Ostküste liegt die Hauptstadt (70 000 Ew.), eine auf den ersten Blick wenig attraktive Siedlung, die geprägt ist von einem Containerhafen, einer Raffinerie am Stadtrand sowie viel Verkehr.** Erst in den 1980er-Jahren erhielt Fujairah ein Hotel und einen Flughafen. Der Strand ist wenig einladend, sodass die meisten Besucher auf der landschaftlich herausragenden Strecke mit Blick auf das Hajar-Gebirge hindurchfahren.

WOHIN ZUERST?

Von Khorfakkan kommend fährst du die Al-Faseel Road bis zum Coffeepot R/A und biegst rechts in die Al-Nakheel Road; hinter dem nächsten Kreisverkehr liegt rechts das **Fujairah Museum**. Stell das Auto dort ab und spazier durch die Old Town zum historischen Fort.

SIGHTSEEING

HERITAGE VILLAGE

Barasti-Hütten und alte Fischerboote führen in die Vergangenheit. Antike Haushaltsgeräte und Werkzeuge verweisen auf das Leben, wie es noch vor wenigen Jahrzehnten typisch war für Fujairah. Ein Brunnen illustriert die Wassergewinnung in den Zeiten vor der Meerwasserentsalzung. *Tgl. 8–20 Uhr | Eintritt frei | nördliches Ende der Al-Ittihad Road*

FUJAIRAH MUSEUM

Das kleine Museum in der Nähe des Forts zeigt in seiner archäologischen Abteilung Fundstücke wie Bronzemünzen, und im Ethnografiebereich altes Werkzeug und Beduinenschmuck. *Tgl. 8–17 Uhr | Eintritt 5 Dh | Al-Gurfa Street/Ecke Al-Nakheel Road | ⏱ 30 Min.*

FUJAIRAH FORT ⭐ 🚩 📷

Auf einem kleinen Felshügel inmitten der zerfallenen Altstadt erhebt sich das historische Fort, ursprünglich von 1670. Kinder lieben es: Eine echte arabische Burg! Das Bauwerk wurde immer wieder erweitert, sodass es heute aus drei Hauptgebäuden und mehreren Wachtürmen besteht. Das von Lehmruinen umgebene Fort ist vermutlich das älteste der Emirate und wurde Anfang des 20. Jhs. von den Briten schwer beschädigt. Von einem Beobachtungsplatz lassen sich die restaurierten Lehmziegel-Konstruktionen der Mauern und Türme erkennen. *Sa–Do 9–13 Uhr | Eintritt 5 Dh | Al-Salam Road/Ecke Al-Kalla Road | Old Fujairah | ⏱ 1 Std.*

Fujairah Fort: Bilderbuchbeispiel einer arabischen Burg

BAIT SHEIKH SAEED BIN HAMAD AL-QASIMI

Das Prachthaus der Herrscherfamilie von Sharjah ist in ein ethnografisches Museum umgewandelt worden. Der palastartige Bau mit seinen vielen Räumen ist zur Zeit des Redaktionsschlusses wegen Renovierung geschlossen. *Kalba Corniche | Al-Hisn Area*

ESSEN & TRINKEN

AL-ROOF

Arabische, indische und chinesische Küche, günstig und lecker – ob *chop suey, dhal* (Linsencurry), *naan* (indisches Fladenbrot) oder arabische Vorspeisen. *Tgl. | Emirates Springs Hotel | 7th floor | Hamad Bin Abdullah Road | Tel. 09 2 23 29 22 | €€*

KARACHI DARBAR

Einfaches Restaurant, das pakistanische, vorwiegend vegetarische Küche bietet. Wem die Atmosphäre inmitten asiatischer Gastarbeiter gefällt, der bekommt hier beste und authentische Küche für wenig Geld – hygienisch einwandfrei. *Tgl. | Murshid 2/ab Hamad Bin Abdullah Road | Tel. 09 2 22 28 23 | karachidarbargroup.com | €*

AL-MESHWAR

Die steinerne Verkleidung des Hauses ist Attrappe, doch die libanesischen Spezialitäten sind köstlich. Hier sind die Zutaten – warmes Fladenbrot aus dem Steinbackofen, knackiges Gemüse von lokalen Bauern – große Klasse. Lecker ist auch der landesübliche Fattusch-Salat. *Tgl. 9–1 Uhr | Hamad Bin Abdullah Road | Tel. 09 2 23 11 13 | €€*

INSIDER-TIPP
Bestes Shawarma der Stadt

SPORT & SPASS

BULL BUTTING

Stierkampf auf Arabisch: Der eingezäunte sandige Platz erwacht Freitagnachmittag zum Leben. Mächtige Zebu-Bullen werden mit Kleinlastwagen hertransportiert und verlassen ihr Gefährt über eine Holzrampe. Wer vorzeitig kampflustig wird, erhält eine Handvoll Sand ins Gesicht, das beruhigt. Dann beginnt in der Arena der *mattah,* das „Kopfstoßen", viel mehr ist es nicht. Diese friedliche Variante des Stierkampfs ist ein ungewöhnliches Freizeitvergnügen im Einklang mit den Traditionen. *Fr nachm. | Eintritt frei | Bullring | südöstl. Stadtrand zwischen Fujairah Corniche u. Al-Muhait Road*

MADHAB SULPHERIC SPRING PARK

In dem 50 ha großen Erholungspark sind die schwefelhaltigen Quellen versiegt. Das tut der Beliebtheit kaum Abbruch: Es gibt mehrere Pools, Restaurant und Café sowie diverse Grillplätze und einfache Bungalows für den Tagesaufenthalt. *Do u. Fr 10–23, Sa, Mo–Mi 10–21 Uhr | Eintritt 3 Dh, Poolnutzung 5 Dh, Bungalow 150 Dh | nördliches Ende der Al-Ittihad Road*

STRÄNDE

Leider: Strände sind mitunter von Öl und Teerresten verschmutzt, da Tankschiffe auf dem Weg zu den Häfen von Fujairah und Khorfakkan sowie zur Straße vom Hormuz Tanks in den Gewässern vor dem Emirat Fujairah reinigen. Auch Algen und Quallen haben in den letzten Jahren zugenommen. Von den vielen schönen, meist naturbelassenen Stränden gehört ✎ *Al-Aqah Beach* zu den Highlights: breit und feinsandig und vor der beeindruckenden Kulisse das Hajar-Gebirges. Kein Wunder, dass hier einige gute Beach Resorts liegen. Toll ist auch

✎ *Dibba Beach,* das Wasser hier ist besonders klar und für Taucher und Schnorchler gibt es viel zu sehen.

RUND UM FUJAIRAH- STADT

1 KALBA BIRD OF PREY CENTRE ★

10 km / 20 Min. (Auto) von Fujairah-Stadt

Zwischen nackten Bergen liegt das engagiert geführte Zentrum mit 45 Raubvogelarten, darunter Falken, Eulen, Habichte, Bussarde, Geier und Adler. In einer einstündigen Show erfährst du viele Insiderinfos von den aus Südengland und Südafrika stammenden Falknern und können sich an den stolzen Tieren erfreuen. Und wenn gelegentlich einer der eigenwilligen Geier ein paar Extrarunden über den Köpfen der Zuschauer dreht, ist das eine beeindruckende Zugabe. *Di–Do u. So 9–18, Fr 14–18, Sa 11–18, Shows Ende Okt.–März 10, 14, 16 Uhr | Eintritt 65 Dh | Al-Ghail | neben Al-Ghail Fort | epaashj.ae | 🗺 L4*

2 KHOR KALBA ★

8 km / 10 Min. (Auto) von Fujairah-Stadt

Eine breite Corniche führt südlich nach Kalba. Zwischen der Straße und dem Strand liegen von Palmen beschattete Parks und Gärten mit Cafés, Restaurants und Spielplätzen.

Ins Naturschutzgebiet *Khor Kalba* gelangst du über eine Brücke, an der Straße liegen Picknickplätze. Einer der wenigen noch in Arabien existierenden Mangrovenwälder besteht aus niedrig wachsenden, salzresistenten Bäumen und Sträuchern, die im Meerwasser gedeihen können und so ein einzigartiges Ökosystem bilden. Das Reservat ist Heimat seltener (Wasser-) Vogelarten, Lebensraum für Fische und unterschiedlichste Mikroorganismen. Bevölkert ist er von unzähligen Flamingos, Kormoranen und anderen Vögeln. Mit etwas Glück kann man sogar grün-blau schillernde Eisvögel entdecken. In der Lagune ankern Fischerboote, an Land sieht man die Eisfabrik der Fischkooperative. Das Licht kurz vor Sonnenuntergang führt zu stimmungsvollen Lagunenfotos. *L4*

3 MASAFI FRIDAY MARKET
35 km / 50 Min. (Auto) von Fujairah-Stadt

Mehr Fotostopp als Einkaufsgelegenheit, jedoch originell und „echt". Indische und pakistanische Händler bieten exotische Früchte, hölzerne Fensterläden, pakistanische Teppiche, Keramikwaren, Pflanzen und aufblasbare Plastikspielsachen links und rechts der Straße nach Al-Dhaid feil. Kauf dir eine Schale frischer Erdbeeren oder gleich eine ganze Papaya. **INSIDER-TIPP Süße Früchte** Auf dem Markt ist das Obst von guter Qualität und sehr günstig! *Tgl. 8–21 Uhr | Al Dhaid-/East Coast Road | Masafi | L3–4*

4 KHORFAKKAN
25 km / 40 Min. (Auto) von Fujairah-Stadt

Der geschäftige Ostküstenhafen von Sharjah (40 000 Ew.) lockt mit einer prächtigen Corniche, die sich vom Oceanic-Hotel bis zur Stadt zieht und morgens und in der Dämmerung von zahlreichen Spaziergängern besucht wird. Das große, mehrere Jahrzehnte

Bull Butting: die arabische (und friedlichere) Variante des Stierkampfs

alte *Oceanic-Hotel (oceanichotel.com)*, mittlerweile top-renoviert, fällt durch seinen runden Dachaufsatz auf, ein Fitnesscenter, aus dessen großen Fenstern man Meer und Strand überblickt. Das nebenan liegende *Padi-Tauchzentrum* macht Anfänger und erfahrene Taucher mit der Unterwasserwelt der Region bekannt und bietet täglich geführte Tauchgänge an.

Auffällig ist der Sommerpalast des Emirs am Berghang gegenüber dem Oceanic-Hotel. Ein alter Wachturm aus dem frühen 16. Jh. erinnert an die portugiesische Herrschaft (1507–1650). Tatsächlich war der berühmte portugiesische Seefahrer Vasco da Gama der erste Europäer, der 1498 Khorfakkan beschrieb. An dem von Palmen gesäumten Strand liegen Cafés und ein Restaurant, herrlicher Panoramablick aufs Gebirge. *L3*

5 AL-BIDYAH MOSQUE ⭐
35 km / 45 Min. (Auto) von Fujairah-Stadt

An der Straße, mit phantastischen Ausblicken auf Felsen, Meer und Palmenhaine, liegt ein kunsthistorisches Juwel: Die kleine, weiße und schmucklose Anlage mit ihren runden Formen hebt sich vom Grau der Felsen ab. Die vermutlich 1466 erbaute Moschee gilt als die älteste der Emirate. Vier kleine Kuppeln sowie – ungewöhnliches Element – eine zentrale Säule sind aus Lehm gebaut. Die von zwei alten Wachtürmen überragte Moschee ist für Besucher geöffnet. *Tgl. meist 6–24 Uhr | Eintritt frei | Khorfakkan–Dibba Road | Al-Bidyah | 🕐 1 Std. | L3*

6 DIBBA
67 km / 80 Min. (Auto) von Fujairah-Stadt

Ein Fischerort (25 000 Ew.), gelegen an der nördlichen Grenze zur omanischen Provinz Musandam, der sich in drei Teile gliedert: nämlich in das zu Fujairah gehörende *Dibba Muhallab*, *Dibba Hisn (Sharjah)* sowie das zu

Auf historischem Boden: Die 550 Jahre alte Al-Bidyah Mosque ist die älteste der Emirate

Oman gehörende *Dibba Bayah*. Dibba ist eine neue Stadt mit reger Bautätigkeit, zu deren Attraktivität der große natürliche Hafen, golden leuchtende Sandstrände (s. S. 110) und die am Horizont aufragenden Hajar-Berge beitragen. Entlang der Strände liegen zahlreiche schöne Badehotels: Die Einkehr lohnt im Restaurant des *Radisson Blu Resort Fujairah* (tgl. | Dibba | Tel. 09 2 44 97 00 | *radissonblu.com/resort-fujairah* | €€). Eine riesige Auswahl, dazu die besten Desserts weit und breit und der Preis stimmt obendrein! Romantisch, cool, mit Blick aufs Meer: In der hoteleigenen *Grand Bleu Lounge* mit Rooftop trifft man sich vor Sonnenuntergang bei Cocktails und Wasserpfeife. *L3*

IDER-TIPP
nmal Buffet, please!

🌀 MUSANDAM

190 km / 2 Std. 40 Min. (Auto) von Fujairah-Stadt

Eintauchen in die wilde, unzugängliche Welt der an landschaftlichen Höhepunkten und Naturschönheiten reichen Musandam-Halbinsel: Die nördliche omanische Exklave Musandam gilt als „Norwegen Arabiens", besitzt einsame Fjorde, überragt von hohen Bergen, und kleine abgelegene Dörfer, verschont von den Segnungen der Moderne. Die Gewässer sind noch glasklar und verführen zum Schnorcheln, Tauchen und Schwimmen. Ab Dibba werden Bootstouren mit der Dhau in die omanischen Fjorde angeboten; Anbieter: *Arabia Horizons* (350 Dh mit Abholung aus dem Hotel in Dubai, Sharjah, RAK und Fujairah | Golden Business Centre | Airport Road | neben Honda | Dubai | Tel. 04 2 94 60 60 | *arabiahorizons.com* | für die Fahrten sind Pass und Oman-Visum erforderlich). *L1–2*

SCHÖNER SCHLAFEN AN DER OSTKÜSTE

DESIGN AM STRAND

Schönstes Strandhotel ist das *Fairmont Fujairah Beach Resort* (180 Zi. | Dibba | Mina Al Fajer | Tel. 09 2 04 11 11 | *fairmont.com/fujairah* | €€€) im legeren, an Neuengland erinnernden Stil. Eine einzige Versuchung ist das Spa für ayurvedische, Thai- und balinesische Massagen. Im großen, angeschlossenen Beach Club legen immer wieder aus Dubai anreisende DJs auf.

EINSAMES FISCHERIDYLL

Sensationell gestaltet ist das *Six Senses Hideaway Zighy Bay* (79 Pool Villas | Zighy Bay | 20 km nördl. von Dibba in Oman: 12 km Asphaltstraße, dann 5 km Schotterweg zur Rezeption, weitere 4 km mit hoteleigenem Jeep | Tel. 02 6 73 55 55 | *sixsenses.com* | €€€): Das Resort im Stil eines traditionellen Fischerdorfes liegt am Meer und setzt auf naturnahen Luxus. Das Spa ist verführerisch, der Blick beim Dinner auf dem Beobachtungsdeck des „Weinturms" großartig. Bei der Anreise mit dem Auto muss man an einer Straßenkontrollstelle den Reisepass vorzeigen. Kein Visum erforderlich.

ERLEBNIS TOUREN

Lust, die Besonderheiten der Region zu entdecken? Dann sind die Erlebnistouren genau das Richtige für dich! Ganz einfach wird es mit der MARCO POLO Touren-App: Die Tour über den QR-Code aufs Smartphone laden – und auch offline die perfekte Orientierung haben.

❶ DIE VEREINIGTEN ARABISCHEN EMIRATE PERFEKT IM ÜBERBLICK

- ➤ Über den Kamelmarkt schlendern
- ➤ In der Dubai Mall shoppen
- ➤ Durch das Hajar-Gebirge cruisen

📍 Abu Dhabi	🏁 Fujairah
→ ca. 1030 km	8 Tage, reine Fahrzeit
	🚗 ca. 15 Stunden

ℹ️ Schnorchelausrüstung und Fernglas einpacken. Für die Rückfahrt von Fujairah nach Dubai (6 Euro) oder Abu Dhabi (12 Euro) kannst du auch den Bus nehmen.

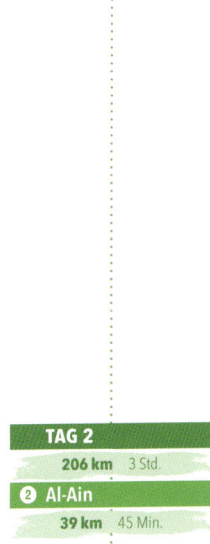

Dieser Fotostopp ist ein Muss: an der Sheikh-Zayed-Moschee

SKYLINE UND BLATTGOLD

① **Abu Dhabi** ➤ S. 40 ist Ausgangspunkt für eine Reise durch das Land. Erster Fotostopp ist die spektakuläre **Sheikh-Zayed-Moschee** ➤ S. 45. Nach einer Besichtigung nimmst du dir *anschließend ein Taxi zum Corniche Park East und bummelst die Meerespromenade entlang* mit Blick auf die Skyline der Metropole zum **Heritage Village** ➤ S. 46. Den Nachmittagstee nimmst du im märchenhaften und goldüberladenen **Emirates Palace** ➤ S. 46. Wie wäre es mit einem Cappuccino, der mit echtem Blattgold auf der aufgeschäumten Milch serviert wird? Abends geht es dann zum Dinner in das **Drehrestaurant Stratos** ➤ S. 50 des Meridien-Hotels mit Rundumblick über Stadt und Meer. Übernachtung am besten in einem der zahlreichen Hotels der Stadt, besonders schön in einem Beach Resort auf **Saadiyat Island** oder an der **Corniche**.

KAMELMARKT IN DER OASE

Mit dem Mietwagen geht es durch flache Sandwüste *über die von Palmen flankierte Autobahn E 22 nach* **②** **Al-Ain** ➤ S. 55. Über 200 Quellen speisen die vielen Parks und Gärten. Romantisch ist ein Bummel durch die Dattelpalmenhaine der ursprünglichen Oase, die

TAG 1
① Abu Dhabi

TAG 2
206 km · 3 Std.
② Al-Ain
39 km · 45 Min.

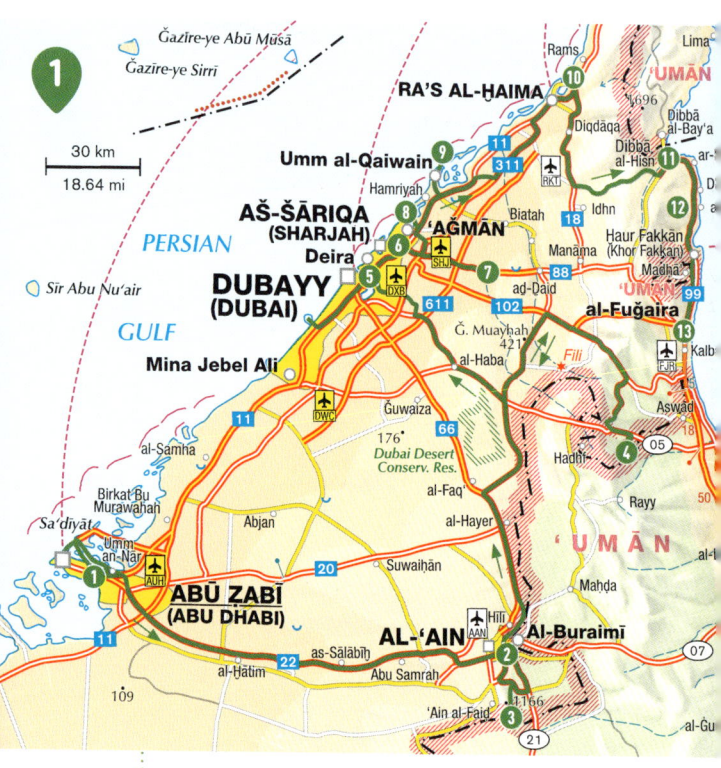

noch heute von gewaltigen Holztoren begrenzt wird. Interessant und inspirierend ist ein Besuch der Ausstellungen im Al-Jahili Fort ➤ S. 55. Das aufregende Treiben auf dem Kamelmarkt ➤ S. 57 darf man sich eigentlich nicht entgehen lassen, es sei denn, man ist sehr zart besaitet. Es riecht ziemlich streng nach Tieren. Araber und Gastarbeiter taxieren die Kamele, feilschen um deren Preis und laden die Tiere auf ihre Pick-up-Trucks zum Abtransport.

Lust auf einen Sundowner über den Wolken? Einen besseren Platz als auf der Restaurantterrasse ganz oben auf dem Gipfelplateau des ❸ Jebel Hafeet ➤ S. 59 gibt es dafür nicht. Am späten Nachmittag fährst du dazu über die (bestens ausgebaute) Serpentinenstraße hinauf. In 915 m Höhe kannst du dort mit fantasti-

❸ Jebel Hafeet

schem Ausblick im **Mercure-Hotel** *(mercure.com)* übernachten.

Morgens geht es *über die E 66 (Al-Ain Road), vorbei am Hili Archaeological Park* ➤ *S. 57, und die E 55 zur Straße E 44 nach* ❹ **Hatta** ➤ **S. 71**. Da die u. a. auch kurz durch den Oman führende E 44 auf diesem Teilstück nur noch von *nationals* befahren werden darf, *biegst du beim Al-Madam-Roundabout auf die nach Norden führende E 55 Richtung Al-Milaiha ab, anschließend auf die Sharja-Kalba Road (E 102, ausgeschildert Shawka) und wieder auf die E 44 Richtung Hatta.* Check ein im **Hatta Fort Hotel** *(jaresortshotels.com/dubai/ja-hatta-fort-ho tel)* und unternimm von dort noch eine Tour ins **Heritage Village**.

PALÄSTE, MUSEEN UND DAS WELTHÖCHSTE BAUWERK

Über die E 44 kommst du, teilweise am Rand hoher Sanddünen (die du übrigens bei einem Kamelritt erkunden kannst) nach ❺ **Dubai** ➤ **S. 64**. Fahr mit dem Wassertaxi über den Creek und genieß in einem der Cafés auf der Bur-Dubai-Seite die unvergleichliche Atmosphäre. Zur weiteren Besichtigung der City gehören unbedingt der **Burj Khalifa**, das höchste Bauwerk der Welt im altarabisch gehaltenen Viertel Downtown Dubai und eine Fahrt mit der Monorail über die künstliche Insel **The Palm Jumeirah** zum spektakulären Atlantis-Hotel. Ein Muss sind auch ein Besuch der **Dubai Mall** mit dem gewaltigen **Dubai Aquarium** und ein Bummel durch die Souks. Zwei Übernachtungen sind nötig, um die Highlights der Stadt zu erleben.

Nicht weit nördlich liegt das Emirat ❻ **Sharjah** ➤ **S. 76**. Cafés und Restaurants säumen das Flanierviertel Qanat al-Qasba, hier triffst du Einheimische und asiatische Gastarbeiter. Im **Souk al-Arsah** genießt du süßen Chai, nachdem du durch die Paläste und Museen der Altstadt gestreift bist. Ein Abstecher lohnt sich in den östlich der Stadt gelegenen ❼ **Sharjah Desert Park** ➤ **S. 85** mit mehreren Museen. In diesem Naturpark erfährst du, welche Pflanzen und Tiere die Wüste be-

TAG 3	
209 km	3 Std.
❹ **Hatta**	

TAG 4–5	
164 km	1 Std. 50 Min.
❺ **Dubai**	

TAG 6	
81 km	1 Std. 10 Min.
❻ **Sharjah**	
37 km	30 Min.
❼ **Sharjah Desert Park**	

Direkt an der Corniche von Ajman kann man baden gehen

TAG 7

37 km 30 Min.

❽ Ajman

32 km 30 Min.

❾ Umm al-Qaiwain

73 km 1 Std.

❿ Ras-Al-Khaimah

völkern. Zur Übernachtung ist eins der vielen Strand-hotels ideal.

HISTORISCHES FORT UND INDISCHES ESSEN

Entlang der Küste des Arabischen Golfs fährst du in das nur wenige Kilometer entfernte ❽ Ajman ➤ S. 90 *mit vielen niedrigen, einfachen Betonhäusern. Am Strand erheben sich schon die ersten Luxushotels. Auf einem Spaziergang lernt man die besondere Atmosphäre dieses Orts schätzen, kehrt für wenige Cent in einer einfachen Teebude auf einen Drink ein, isst vorzüglich und obendrein billig in einem der indischen Lokale, zum Beispiel im* India House *(tgl. | Sheikh Rashid bin Humaid Road | neben Choitram | Tel. 06 7 44 24 97 | india houseajman.com | €). Anschließend geht es weiter über die E 11 ins nördlich angrenzende* ❾ Umm al-Qaiwain ➤ S. 91. Hier besuchst du auf jeden Fall das wunder-volle Umm al-Qaiwain Museum, das im historischen Fort untergebracht ist, einem der wenigen noch erhal-tenen Bauwerke aus der Vergangenheit der Region. *Ca. 70 km weiter über die E 11 liegt* ❿ Ras-Al-Khaimah ➤ S. 98. Dort bietet sich eine Übernachtung im schönen Strandhotel **Hilton Resort** *(hiltonhotels.de/vereinigte-arabische-emirate/hilton-ras-al-khaimah-beach-resort)* an – mit einem Bad im Arabischen Golf.

GEBIRGE, PALMENHAINE UND SCHNORCHELN

Am nächsten Tag besichtigst du die Altstadt mit dem hervorragenden **National Museum**. *Die anschließende Fahrt durchs Hajar-Gebirge an die Ostküste auf der E 87* ist landschaftlich äußerst reizvoll und bringt dich nach ⑪ **Dibba** ➤ S. 112, wo du nette und günstige Strandhotels findest für eine Pause und eine Schnorchelrunde im Meer. *Auf der Weiterfahrt über die E 99* besuchst du die kleine ⑫ **Al-Bidyah-Moschee** ➤ S. 112, die älteste der Emirate mit viel Atmosphäre, *und fährst durch Khor Fakkan nach* ⑬ **Fujairah** ➤ S. 108. Dabei lernst du weitere, außerordentlich schöne Landschaften kennen: schroffes, blaugrau schimmerndes Gebirge und tiefgrün leuchtende Palmenhaine. Ein Mocktail in der **Amwaj Pool & Beach Bar** des **Al Bahar Hotel & Resort** *(albaharhoteland resort.com)* mit Blick aufs Meer beschließt den Tag.

TAG 8

82 km   1 Std. 15 Min.

⑪ **Dibba**

27 km   25 Min.

⑫ **Al-Bidyah-Moschee**

39 km   40 Min.

⑬ **Fujairah**

❷ VON SHARJAH ZUM GOLF VON OMAN

➤ **Auf Straßenmärkten feilschen**
➤ **In der ältesten Moschee der Emirate verweilen**
➤ **Den Mangrovenwald durchstreifen**

📍 Sharjah-Stadt

🏁 Sharjah-Stadt

🔄 gut 330 km

🚗 1 Tag, reine Fahrzeit 4 ½ Stunden

ℹ️ Fernglas und Picknick mitnehmen. Oder Verpflegung auf dem *Friday Market* kaufen.

VOM WÜSTENPARK INS GEBIRGE

Von ❶ **Sharjah-Stadt** ➤ S. 76 *aus* geht es auf der E 88 vorbei am Sharjah Airport in traditioneller islamischer

❶ **Sharjah-Stadt**

30 km   20 Min.

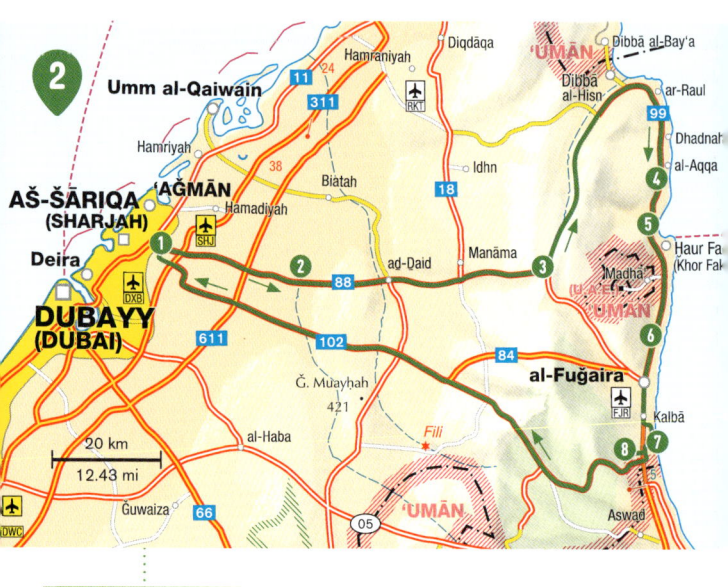

❷ Sharjah Desert Park
51 km 35 Min.

Architektur zum ❷ **Sharjah Desert Park** ➤ S. 85. Nicht nur, wenn du mit Kindern unterwegs bist, lohnt sich der Besuch in diesem liebevoll und professionell gestalteten Wüstenpark. *Nach weiteren 20 km erreichst du Al-Dhaid*, einen ausgedehnten Handelsplatz für landwirtschaftliche Produkte mit zahlreichen Werkstätten und indischen und pakistanischen Restaurants am Straßenrand. Einen Becher Chai (heißer, süßer Tee im Pappbecher für 1 Dh) und indische *samosas* (Teigtaschen mit Gemüse) gibt es überall, doch ein längerer Stopp lohnt nicht.

INSIDER-TIPP
Indisch snacken

❸ Masafi
65 km 1 Std.

Nachdem du zahlreiche Roundabouts in der Stadt umrundet hast, geht es weiter, *und nach ca. 30 km ist* ❸ **Masafi** am Fuß des Hajar-Gebirges errreicht. Das Dorf gehört zu gleich zwei Emiraten – Ras al-Khaimah und Sharjah –, und in seiner Umgebung gedeihen Mangos, Limonen und Orangen, sprudeln Wasserquellen am Gebirgsrand. Teppichladen an Teppichladen reiht sich entlang der Durchfahrtsstraße, und ein Bummel über diesen täglich stattfindenden **Friday Market** ➤ S. 111 bietet sich an zum Kauf von Kokosnüssen,

Proviant und Wasser für ein späteres Picknick irgendwo an der Strecke. Masafi heißt „reines Wasser", und so heißt auch der große Mineralwasserabfüller *an der E 89, die hier in nördlicher Richtung am Rand der schroffen Berge verläuft.* Schließlich erreichst du den Golf von Oman und *Dibba* ➤ *S. 112.* Die Stadt gehört zu den Emiraten Fujairah und Sharjah, ein Teil liegt gar in der nördlichen Provinz Musandam von Oman. Auf dem weiteren Weg gen Süden entfernst du dich vom Meer und siehst nach wenigen Kilometern am Fuß des Gebirges die kleine ❹ **Al-Bidyah Mosque** ➤ **S. 112.**

❹ Al-Bidyah Mosque	
7 km	10 Min.

MEERESPROMENADE, MANGROVEN & VOGELSCHAU

Im Sonnenlicht sehen die Berge bei ❺ **Khorfakkan** ➤ **S. 111** wie gemalt aus. Im **Hotel Oceanic**, leicht zu erkennen an seinem runden Dachaufsatz, solltest du endlich deine Mittagspause einlegen, nämlich im **Restaurant Al-Murjan** *(tgl. | Tel. 09 2 38 51 11 | oceanic hotel.com | €€)*, und dich vom köstlichen Lunchbüfett bedienen. Nach einem abschließenden starken Mokka fühlst du dich dann wieder fit, um einen Spaziergang

❺ Khorfakkan	
31 km	30 Min.

Solche bunten Durstlöscher türmen sich auch auf dem Friday Market in Masafi

❻ Fujairah-Stadt
19 km 25 Min.

❼ Khor Kalba
6 km 10 Min.

❽ Kalba Bird of Prey Centre

123 km 1 Std. 30 Min.

❶ Sharjah-Stadt

auf der Meerespromenade ins Zentrum zu unternehmen. *Nur 30 km sind es anschließend nach* ❻ **Fujairah-Stadt** ➤ S. 108 – das historische, gut restaurierte **Fort** ist eine kurze Besichtigung wert. Südlich der Stadt passierst du die am Meer liegende Ortschaft Kalba mit dem Naturschutzgebiet ❼ **Khor Kalba** ➤ S. 110, einer von Mangroven durchwachsenen, sumpfigen Lagune.

Jetzt wird es Zeit für das ❽ **Kalba Bird of Prey Centre** ➤ S. 110, *südlich von Khor Kalba neben dem Al-Ghail Fort gelegen,* ein herausragendes Ökotourismus-Projekt der Region. Zusammen mit Einheimischen nimmst du Platz im Amphitheater und genießt die Flugdemonstrationen der hier lebenden Raubvögel, darunter auch zahlreiche beeindruckende Geier, die dich mit ihrem eigenwilligen Verhalten amüsieren werden. *Für die Rückfahrt bietet sich eine Abkürzung an, die von Khor Kalba zu einem Tunnel und weiter durch das Gebirge über die Autobahn E 102 zurück nach* ❶ **Sharjah-Stadt** führt.

❸ VON DUBAI NACH ABU DHABI UND AL-AIN

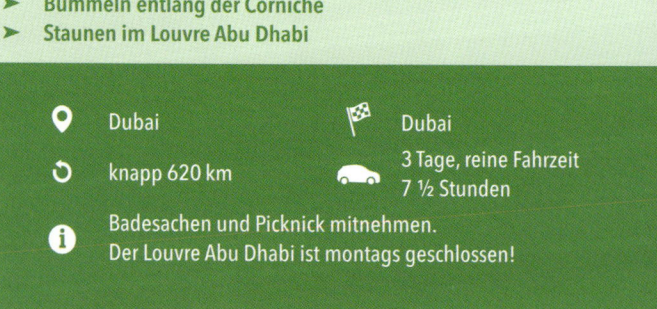

➤ **Abtauchen im Meer**
➤ **Bummeln entlang der Corniche**
➤ **Staunen im Louvre Abu Dhabi**

📍 Dubai   🏁 Dubai

🔄 knapp 620 km   🚗 3 Tage, reine Fahrzeit
                         7 ½ Stunden

ℹ Badesachen und Picknick mitnehmen.
Der Louvre Abu Dhabi ist montags geschlossen!

TAG 1
❶ Dubai

VON DER SALZWÜSTE DIREKT ANS MEER
Du verlässt ❶ **Dubai** ➤ S. 64 *gen Süden auf der E 11 und fährst bis Jebel Ali und immer wieder vorbei an ge-*

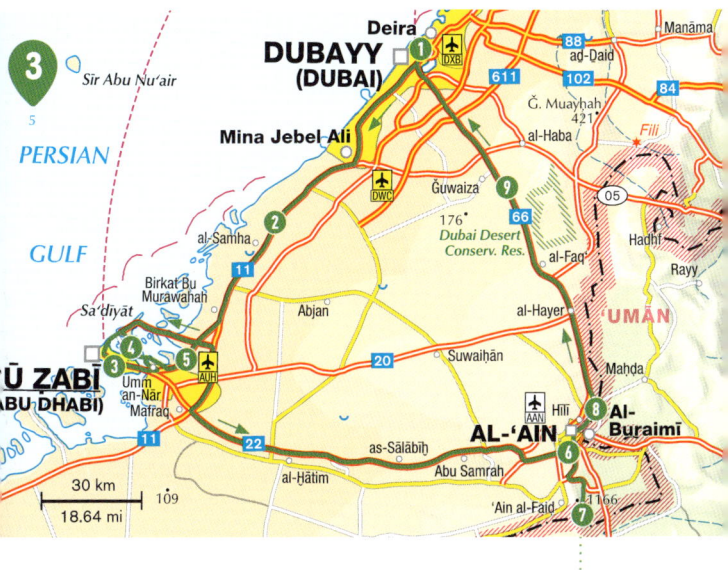

waltigen Baustellen. Nachdem du Downtown Jebel Ali hinter dir gelassen hat, folgen auch bald gewaltige Hinweisschilder auf Legoland und den Bollywood Park ebenso wie auf das ❷ **Outlet Village** (theoutletvillage. ae/en), eine Kopie toskanischer Architektur nach dem Vorbild des mittelalterlichen San Gimignano. Hier lohnt ein Stopp in netter Umgebung. Nimm Platz in einem Café und ordere einen Espresso und typisch italienische Dolci.

Anschließend sind es noch etwa 65 km bis zum Abzweig der E 10 nach ❸ **Abu-Dhabi-Stadt** ➤ S. 44, *das du nach weiteren 38 km erreichst.* Die Hauptstadt des Emirats wurde auf einer Insel erbaut, und du bekommst nun gleich den besten Eindruck von der über Brücken mit dem Festland verbundenen Metropole. *Am besten, du nimmst die mittlere von drei Brücken, die sogenannte Maqta Bridge,* die den schmalen Kanal Khor al-Maqta überspannt. So siehst du den im niedrigen Wasser stehenden **Al-Maqta Tower**, eines der letzten Überbleibsel aus einer Zeit, als noch Kamelkarawanen vor der Stadt in Karawansereien nächtigten. *Anschließend hältst du dich weiter rechts und fährst an*

❷ **Outlet Village**

49 km 35 Min.

107 km 1 Std.

❸ **Abu-Dhabi-Stadt**

In stolzen 60 Kurven gehts hinauf zum Jebel Hafeet

der Ostseite der Insel gen Norden – so kommst du auf die am Meer entlang führende Eastern Corniche. Hier genießt jeder die tolle, unbeschwerte Atmosphäre, den Blick auf lang gestreckte Mangroveninseln und üppig gepflegte Parks mit Palmen direkt am Meer. Beach Clubs und Cafés laden ein, hier zu relaxen. Bereits morgens treffen sich die Bewohner hier zum Brunch, nach Sonnenuntergang werden die Wasserpfeifen in den Cafés entzündet.

IN ABU-DHABI-STADT

Nach dem Einchecken, z. B. in einem der vielen Hotels entlang der Corniche, bummelst du über den weitläufigen, am Meer gelegenen Corniche Park und gönnst dir einen Mocktail in einem der schicken Beach-Cafés, die an Miami erinnern. Anschließend besuchst du das am Ende der Corniche thronende und überaus prächtige Emirates Palace, das auch Nicht-Hotelgäste ansteuern können, um sich mit eigenen Augen von der Weitläufigkeit und Opulenz des berühmtesten Hotels im Emirat zu überzeugen. Ein „Muss" ist auch ein Besuch der Sheikh Zayed Grand Mosque, die nach Einbruch der Dunkelheit illuminiert ist.

TAG 2
85 km 1 Std. 10 Min.
❹ Saadiyat Island
30 km 20 Min.

GROSSE KUNST, MODERNE OASE & EIN HOHER BERG

Am nächsten Morgen geht es *über den Khalifa Highway vom Nordostende der Stadt nach* ❹ Saadiyat Island ➤ S. 48, Abu Dhabis spektakulärer Museumsinsel. Seit Ende 2017 ist hier der **Louvre Abu Dhabi** eröffnet – bei einem gemächlichen Rundgang durch die verschiedenen Ausstellungsbereiche kannst du dir selbst ein Bild machen! *Weiter geht es über Abu Dhabis Freizeitinsel Yas Island zum Hotel* ❺ **W Abu Dhabi** ➤ S. 49 in einzigartiger Lage zwischen Yachthafen und der Formel-1-Rennstrecke und von einzigartiger Architektur. Warum nicht hier auf einen Kaffee oder zum Lunch einkehren? *Die Autobahn E 22 von Abu Dhabi nach Osten ist perfekt ausgebaut* und gesäumt von Dattelpalmen, und schnell ist ❻ **Al-Ain** ➤ S. 56 erreicht, der Geburtsort von Staatsgründer Sheikh Zayed und eine moderne Oase. Restaurierte Forts, ein gutes nationales Museum, den schönsten Zoo der Emirate und einen authentischen Kamelmarkt gibt es zu entdecken. Für die Übernachtung bietet sich das traditionsreiche Hotel **Al-Ain Rotana** *(rotana.com/rotanahotelandresorts/unitedarab emirates/alain/alainrotana)* an. Ein Erlebnis der besonderen Art ist die Fahrt *über die 12 km lange Serpentinenstraße* mit ihren 60 Kurven auf den 1350 m hohen ❼ **Jebel Hafeet**. Die Straße führt vorbei an den Palästen der Herrscherfamilie zu einem Plateau, von dem man mit einer faszinierenden Aussicht belohnt wird. Auf einem großen Platz, flankiert von Bergwänden, treffen sich am Wochenende die Einheimischen und freuen sich an den um die Gipfel kreisenden Falken.

VOM RUNDGRAB ZU DEN ROTEN DÜNEN

Auf dem Rückweg muss noch ein Besuch im ❽ **Hili Archaeological Park** ➤ S. 57 sein, dessen 5000 Jahre altes Rundgrab zum Weltkulturerbe gehört. Beeindruckend sind auch die gewaltigen Eukalyptusbäume und die gesamte tropische Bepflanzung des Parks. Last but not least: 50 km vor Dubai passierst du die ❾ **Big Red** ➤ S. 71, gewaltige, in allen Rottönen schimmernde Sanddünen. Jetzt kannst du Wüstenatmosphäre wie aus dem Bilderbuch schnuppern. Auf Kamelen schaukelst du durch die Wüstendünen oder du versuchst dich darin, zu Fuß deren Kamm zu erklimmen. Anstrengend, aber auch ein großer Spaß, bevor du schließlich ❶ **Dubai** wieder erreichst.

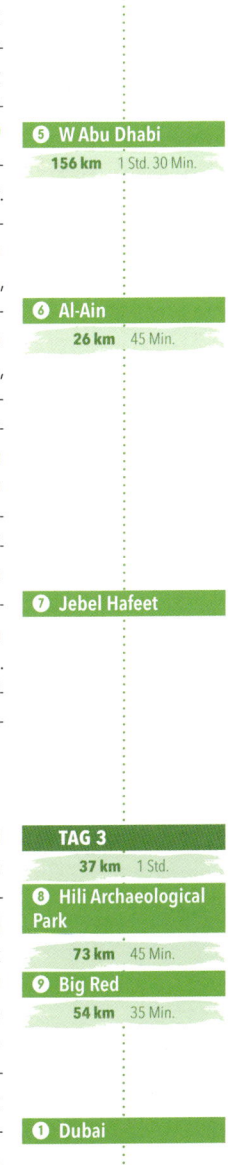

❺ W Abu Dhabi
156 km · 1 Std. 30 Min.

❻ Al-Ain
26 km · 45 Min.

❼ Jebel Hafeet

TAG 3
37 km · 1 Std.
❽ Hili Archaeological Park
73 km · 45 Min.
❾ Big Red
54 km · 35 Min.

❶ Dubai

❹ VON ABU DHABI ZU DEN LIWA-OASEN

➤ Sanddünen in der Wüste erklimmen
➤ Besuch in einem Wüstenschloss
➤ In einer Oasenstadt übernachten

📍	Abu-Dhabi-Stadt	🏁	Liwa Hotel
→	ca. 360 km	🚗	1 Tag, reine Fahrzeit 5 Stunden
ℹ️	Sonnenschutz und genügend Wasser mitnehmen.		

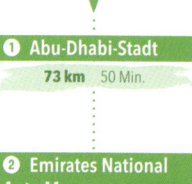

❶ Abu-Dhabi-Stadt
73 km 50 Min.

❷ Emirates National Auto Museum
147 km 1 Std. 45 Min.

SCHICKE AUTOS & GOLDENE SANDDÜNEN

Von ❶ **Abu-Dhabi-Stadt** ➤ S. 44 fährst du 36 km zur E 11 und wendest dich dort nach Süden bis zum Abzweig nach Hamim. Schnurgerade verläuft die E 65 140 km durch die Wüste. Nach ca. 25 km siehst du links ein überdimensionales Landrover-Modell, in dem sich ein Shop für Reiseproviant befindet. Dahinter liegt das pyramidenförmige ❷ **Emirates National Auto Mu-**

Fast wie eine Fata Morgana: das Hotel Anantara Qasr Al-Sarab am Rand der Liwa-Oasen

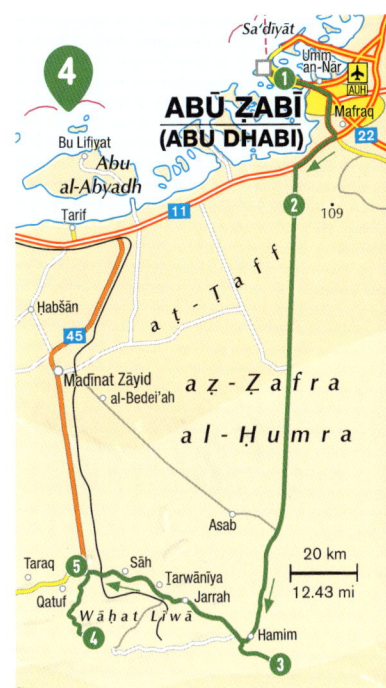

seum *(tgl. 9–18 Uhr | Eintritt 50 Dh | enam.ae)*. Es gehört Sheikh Hamad aus der königlichen Familie, der auch „Regenbogenscheich" genannt wird, weil er Autos in Bonbonfarben mag. Gezeigt werden über 200 teilweise äußerst ungewöhnliche Fahrzeuge und Oldtimer. Die bizarre Sammlung umfasst u. a. einen Wohnwagen in Form einer Weltkugel mit vielen Zimmern sowie Autos mit zwei Meter hohen Rädern. Nachdem du dich mit einem frischen Saft gestärkt hast, *geht es weiter schnurgerade nach Hamim*. Hier lohnt sich der 12 km lange Abstecher auf geteerter Straße durch die Wüste zum ❸ **Qasr Al-Sarab** *(Qasr Al-Sarab Road | Tel. 02 8 86 20 88 | qasralsarab.anantara. com | €€€)*, einem Wüstenhotel, das wie eine Fata Morgana inmitten goldener Sanddünen aufragt. Park dein Auto, bummle durch die Anlage und bestell dir im Foyer einen orientalischen Tee.

RUNDFAHRT DURCH DIE WÜSTE

Wieder zurück in Hamim schlängelt sich die Straße nach Westen durch Dünen und Plantagen, vorbei an Farmen und vielen Dörfern. *Nach ca. 80 km erreichst du Mezirah*, den Hauptort der Oasen ➤ S. 53 in der geografischen Mitte der Ost-West-Straße gelegen, an der die anderen Oasendörfer liegen. Höhepunkt des Aufenthalts in den Liwa-Oasen ist eine Wüstenrundfahrt zum *ca. 30 km südlich von Mezirah gelegenen* ❹ **Moreeb Hill**, einer fast 250 m hohen und 1,6 km langen Sanddüne – Wüste, wie man sie sich als Europäer vorstellt. Speisen – und ggf. übernachten – kannst du im ❺ **Liwa Hotel** *(almarfapearlhotels.com)*, einem ansprechend gestalteten Hotel mit großem Pool, Restaurant mit bester indischer Küche und Blick auf die umgebende Wüste.

❸ **Qasr Al-Sarab**
106 km　1 Std. 50 Min.

❹ **Moreeb Hill**
30 km　35 Min.

❺ **Liwa Hotel**

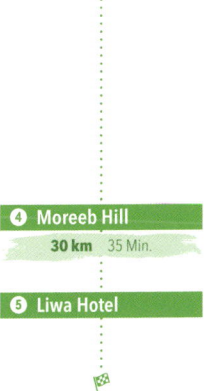

GUT ZU WISSEN
DIE BASICS FÜR DEINEN URLAUB

ANKOMMEN

ANREISE

Dubai erreicht man von Deutschland mit mehr als 70 wöchentlichen Direktflügen; *Emirates (emirates.com)* fliegt täglich ab Frankfurt, München, Düsseldorf und Hamburg, *Lufthansa (lufthansa.de)* täglich ab Frankfurt und München. Vom stadtnahen Dubai International Airport (DXB) gibt es zwei Metrolinien, die dich in 30 Min. ins Zentrum bringen. Vom neuen Dubai Al Maktoum International Airport (auch Dubai World Central, DWC) nimmst du ein Taxi zur Metro-Station Jebel Ali bzw. gleich zum Hotel.

Abu Dhabis Fluglinie *Etihad Airways (etihadairways.com)* fliegt täglich von Frankfurt, Düsseldorf und München nach Abu Dhabi mit kostenlosem Weitertransport nach Dubai. Auch Lufthansa fliegt nach Abu Dhabi. In Abu

 Steckdosen

Du benötigst einen Adapter für Steckdosen Typ C, D und G.

Dhabi am Flughafen lässt sich gut ein Auto mieten, da man sich dort relativ problemlos orientieren kann und die Wege im Emirat weit sind.

Swiss (swiss.com) und *Austrian Airlines (aua.com)* fliegen von Zürich und Wien nach Dubai, *Emirates* ebenso.

Preiswert verkehren ab Frankfurt *Gulf Air (gulfair.com)* über Bahrain und *Qatar Airways (qatarairways.com)* über Doha nach Dubai und Ras al-Khaimah: Auf dem Flug bietet sich ein Stopover in Bahrain oder Doha an. *Sun Express (sunexpress.com)* bietet Ferienflüge der FTI-Touristik von sieben deutschen Städten nach Ras al-Khaimah. Vom Ras Al-Khaimah International Airport (RKT)

Davon träumt man schon zu Hause: Kamelritt zum Sonnenuntergang

geht es in etwa 30 Min. per Taxi zu den Hotels von Al Hamra und Al-Marjan Island. Die Flugdauer zum Arabischen Golf beträgt rund 6 Stunden, die Flugpreise beginnen ab 400 Euro (für Hin- und Rückflug). Billigflüge zwischen den Golfstaaten: *Fly Dubai (flydubai. com), Air Arabia (airarabia.com), Jazeera Airways (jazeeraairways.com)* und *Bahrain Air (bahrainair.net).*

AUSKUNFT

– Abu Dhabi Tourism Authority: *Goethestr. 27 | 60313 Frankfurt/Main | Tel. 069 2 99 25 39 20 | tcaabudhabi.ae | abudhabitourism.ae | exploreabudhabi.ae*
– Dubai Department of Tourism, Deutschland: *Bockenheimer Landstr. 23 | 60325 Frankfurt/Main | Tel. 069 7 10 00 20 | visitdubai.com.* Auch für Österreich und die Schweiz
– Fujairah Tourism Bureau: *Trade Centre | Hamad Bin Abdullah Road | Fujai-*

+ 3 Stunden Zeitverschiebung

während der Sommerzeit in Europa: + 2 Stunden

rah | Tel. +971 9 2 23 15 54 | fujairah tourism.ae
– Ras al-Khaimah Tourism Development Authority: *RAKTDA Office | Street 11 | Al Marjan Island | Ras al-Khaimah | Tel. +971 7 2 33 89 98 | rasalkhaimah.ae*
– Sharjah Commerce and Tourism Development Authority: *Buheira Corniche Road | Sharjah | Tel. +971 6 5 56 67 77 | sharjahmydestination.ae*

EINREISE

Bei Ankunft auf einem Flughafen der VAE erhält man kostenlos ein „Visa on Arrival" (30 Tage gültig) in Form des Einreisestempels; der Reisepass muss noch sechs Monate gültig sein.

KLIMA & REISEZEIT

An den Küsten ist es im Sommer heiß und schwül (40–45 Grad), im Binnenland trocken. Für Europäer ist dann ein Aufenthalt nahezu unmöglich. Selbst die einheimische Bevölkerung bleibt im Juli und August tagsüber im klimatisierten Haus oder fährt ins Ausland. Haupreisezeiten sind daher die Wintermonate (Okt.–April) mit mildem Klima und sonnigen Tagen, mit Höchsttemperaturen von 25 bis 35 Grad, nachts 17 bis 20 Grad.

WEITER-KOMMEN

GRENZÜBERTRITTE

Bis vor Kurzem konnte man mit einem Visum der VAE oder von Oman an den (Land-)Grenzübergängen ein Visum des jeweils anderen Landes erhalten. Oman hat allerdings an einigen Teilen der Grenze die Übergänge für ausländische Touristen geschlossen, nur noch *nationals* dürfen sie überqueren. Bei Redaktionsschluss dieses Reiseführers war noch nicht klar, wie lange diese Situation bestehen bleibt. Sollte eine Fahrt über die Grenze VAE–Oman wieder möglich sein, wird eine Pkw-Zusatzhaftpflichtversicherung (ca. 10 OR/100 Dh pro Tag) fällig.

AUTO

Die Emirate sind durch Autobahnen miteinander verbunden, Schilder sind zweisprachig. Höchstgeschwindigkeit in der Stadt 50 km/h und 120 km/h

außerhalb. Statt Kreuzungen gibt es oft Verkehrskreisel *(roundabout, Abkürzung: R/A)*; hier gilt: Wer im Kreis ist, hat Vorfahrt. Immer häufiger regeln Überführungen *(flyover)* die Geradeausfahrt.

MIETWAGEN

In den VAE reicht ein nationaler Führerschein. Tagesmiete ab 25 Euro, Geländewagen ab 70 Euro. Meist ist es preiswerter, von zu Hause aus zu buchen. In den VAE bekommt man nur Wagen mit Automatikgetriebe, auch wenn anders gebucht wurde.

ÖFFENTLICHE VERKEHRSMITTEL

In Abu Dhabi, Al-Ain und Sharjah gibt es Stadtbusse. Da ihr Fahrziel – wenn überhaupt – meist in arabischer Schrift angegeben ist, werden sie fast nur von arabischen und asiatischen Gastarbeitern benutzt. In den anderen Emiraten gibt es nur wenige Busse.

In Dubai kannst du bequem mit der Metro oder mit einer der zahlreichen Stadtbuslinien, deren Ziele oft auch in englischer Sprache angegeben sind *(Daypass Metro, Bus, Waterbus 20 Dh),* unterwegs sein. Die 11 km lange Straßenbahnlinie *Dubai Tram (dubaitram. rta.ae)* verkehrt im Bereich der Dubai Marina. Eine tolle Alternative ist der Dubai Waterbus, der am Dubai Creek und in der Dubai Marina unterwegs ist.

Komfortable Linienbusse *(Emirates Express)* verbinden Dubai mit Abu Dhabi *(tgl. 6–22 Uhr | Fahrpreise 15–25 Dh)* und verkehren zwischen der Al-Ghubaiba Bus Station im Stadtteil Bur Dubai und der Central Bus Station (Main

FESTE & EVENTS
RUND UMS JAHR

Feste und Feiertage richten sich zum großen Teil nach dem islamischen Kalender, der sich am Mondwechsel orientiert. Der Freitag ist der wöchentliche Ruhetag, das Wochenende schließt den Samstag ein.
Ramadan, der heilige Monat der Moslems, ist eine Zeit des Fastens und Betens (23. März–21. April 2023, 10. März–9. April 2024). *Eid al-Fitr* heißt das dreitägige Fest des Fastenbrechens am Ende des Ramadan, das mit Feuerwerk, Jahrmärkten und Volkstänzen gefeiert wird.

JANUAR/FEBRUAR
Das ⚑ **Dubai Shopping Festival** lockt von Anfang Januar bis Anfang Februar mit Rabatten und Veranstaltungen. *mydsf.ae*
Beim **Sharjah Light Festival** (Foto) werden Mitte Februar neun Tage lang zwölf markante Gebäude (Moschee, Plätze, Souk, Museum) zum Mittelpunkt fantastischer Farbinszenierungen. *sharjahmydestination.ae*

MÄRZ
Eine Woche Ende März wird der **Dubai World Cup** ausgetragen das höchstdotierte Pferderennen der Welt. *dubaiworldcup.com*
Von Anfang März bis Anfang Juni findet die **Sharjah Biennale** für zeitgenössische Kunst in der Sharjah Arts Area statt. *sharjahart.org*

SEPTEMBER
Bei der viertägigen **International Hunting and Equestrian Exhibition** (der Internationalen Jagd- und Pferdemesse) von Abu Dhabi stehen Mitte September Falken, Pferde und Gewehre im Mittelpunkt. *adihex.com*

DEZEMBER
Folkloreveranstaltungen, Bootsrennen und Feuerwerk in allen Emiraten am 2. Dez. zum **National Day**, dem Tag der Gründung der Vereinigten Arabischen Emirate 1971.

Bus Terminal Abu Dhabi) in der Sheikh Rashid Bin Zayed Street (4th Street) in Abu Dhabis Stadtteil Al-Whada. Bei starker Nachfrage verkehrt der sonst stündlich fahrende Bus alle 15 Min.

TAXI

In Dubai kostet ein Taxi 12 Dh Grundpreis (25 Dh ab Flughafen und nach Sharjah) und 1,96 Dh/km, nachts und feiertags etwas mehr. In Abu Dhabi und Sharjah haben Taxis ebenfalls Taxameter, die Preise sind noch geringer. In Dubai gibt es Frauentaxis, zu erkennen an ihrem rosa Dach und der rosa Innenausstattung (und natürlich einer Fahrerin). Eine Fahrt von Dubai nach Abu Dhabi oder Fujairah kostet ca. 280 Dh, hin und zurück 480 Dh. In den übrigen Emiraten muss der Fahrpreis ausgehandelt werden.

IM URLAUB

BANKEN & GELD

Kreditkarten sind weit verbreitet. An Geldautomaten *(ATM, Cash Point)*, erhält man mit EC- oder Kreditkarten Dirham zum Tageskurs (plus Bankgebühren), es gibt sie an jeder Ecke.

FEIERTAGE

1. März 2022, 18. Febr. 2023 *Lailat al-Miraj* (Himmelfahrt des Propheten Mohammed)

30. Juli 2022, 19. Juli 2023 *Hejra* (Neujahr)

8. Okt. 2022, 27. Sept. 2023 *Maulid al-Nabi* (Geburtstag des Propheten Mohammed)

6. Aug. *Accession Day* (Tag des Dienstantritts von Präsident Sheikh Zayed)

2. Dez. *National Day* (Tag des Zusammenschlusses der sieben Emirate zu den Vereinigten Arabischen Emiraten 1971)

25. Dez. Weihnachten

FOTOGRAFIEREN

Einzelne Personen fotografiert man nur, wenn diese es erlaubt haben. Moslemische Frauen dürfen aus religiösen Gründen nicht fotografiert werden, es sei denn, sie gestatten es ausdrücklich. Militärische Einrichtungen und Polizeieinrichtungen, Hafenanlagen und Flugplätze sind für Fotografen tabu. Bei Herrscherpalästen sollte man vorher die Wache fragen.

HOTELS

Das größte Angebot haben Dubai und Abu Dhabi, doch auch in Ras al-Khaimah und den übrigen Emiraten entstehen zunehmend (Strand-)Hotels. In Dubai liegen diese am Jumeirah Beach bzw. auf Jumeirah Island und sind ausnahmslos Resorts der Luxusklasse. Günstiger sind Beach Hotels auf Yas Island in Abu Dhabi, ebenso in Ajman, Fujairah und Ras al-Khaimah. In Sharjah haben die (Bade-)Hotels keine Alkohol-Lizenz, deswegen sind die Preise auch um einiges niedriger! Und nach Dubai ist es nur einen Katzensprung mit dem Taxi.

INSIDER-TIPP
Baden ohne Lizenz?

Die Übernachtungspreise sind günstiger, wenn du vorab im Internet buchst. Von Mai bis September sinken die Hotelpreise, im Juli/August bis auf die Hälfte. Zu den angegebenen Preisen kommen 10 bis 15 Prozent Service und 10 Prozent (Dubai) bis 15 Prozent Steuern hinzu sowie 7 bis 20 Dh (je nach Hotelkategorie) „Tourism Dirham Fee" pro Person und Zimmer.

INTERNETZUGANG & WLAN

Nahezu alle Hotels der VAE bieten ihren Gästen WLAN (in den Emiraten WiFi). Der drahtlose Internetzugang wird zunehmend auch von Restaurants angeboten. Hotspots unter: *hotspot-locations.com.*

WAS KOSTET WIE VIEL?		
Taxi	0,45–0,50 Euro	
	pro km plus	
	Grundpreis	
Mokka	1–2 Euro	
	pro Tasse in den	
	Cafés außerhalb der	
	Hotels	
Liegestuhl	10–20 Euro	
	pro Tag, abhängig	
	von der Location	
Wein	ab 30 Euro	
	für eine Flasche im	
	Restaurant	
Souvenir	2–5 Euro	
	für die Salz- und	
	Pfefferstreuer	
	„Sheikh und Sheika"	
Shawarma	2–4 Furo	
	für Fleisch vom	
	Spieß im Fladenbrot	

JUGENDHERBERGEN

In den VAE gibt es gut ausgestattete Jugendherbergen in Dubai, Sharjah, Fujairah und Khorfakkan, z. T. auch mit Doppelzimmern. Die Jugendherberge in Dubai z. B. ist sehr komfortabel, auch für Familien geeignet, mit Cafeteria, Tennis, Pool und Bushaltestelle (Nr. 34) vor der Tür. Der internationale Jugendherbergsausweis ist nicht erforderlich. Auskunft: *U.A.E. Youth Hostels Association (P. O. Box 94 141 | 39 Al-Qusais Road | Dubai | Tel. 04 2 98 81 61 | uaeyha.com). Geöffnet: Dubai 24 Std., sonst: einchecken 9–13 u. 17–20 Uhr, nach 24 Uhr geschlossen*

KLEIDUNG

Bei dem auch im Winter sehr warmen Klima reicht Sommerbekleidung. Für die Hotels, Restaurants und Shoppingmalls mit Klimaanlagen sowie gelegentliche kühle Winternächte benötigt man einen Pullover. Die Kleidersitten verbieten nackte Schultern und bei Frauen alles, was eng, kurz oder durchsichtig ist.

PREISE & WÄHRUNG

Die Währung der VAE ist der Dirham (Dh, AED), unterteilt in 100 Fils. Die VAE sind kein preiswertes Reiseland, Hotels in Dubai und Abu Dhabi sind besonders teuer. Dennoch gibt es erhebliche Unterschiede im Preisniveau, je nachdem, ob man im Hotelrestaurant oder beim Inder um die Ecke isst. In den VAE wird eine Mehrwertsteuer von 5 Prozent erhoben.

SCHREIBWEISEN

Die Transkription arabischer Begriffe in lateinische Buchstaben erfolgt nach Gehör. MARCO POLO verwendet die von den Einheimischen angegebene englischsprachige Umschreibung, wie sie sich (meist) auf den Hinweisschildern findet.

TELEFON & HANDY

Vorwahl der VAE: *00971* plus die Vorwahl des jeweiligen Emirats (z. B. *4* für Dubai), von den VAE nach Deutschland *0049*, nach Österreich *0043*, in die Schweiz *0041*.

Das Handy heißt in den VAE meist GSM oder *cell phone.* Netzbetreiber ist *Etisalat (Tel. 101 | etisalat.co.ae).* Besucher können eine lokale mobile Rufnummer *(visitor mobile line)* im Flughafen, in Duty-free-Shops und Etisalat-Filialen kaufen: Kosten 80 Dh mit 20 Dh Startguthaben, Gültigkeit 90 Tage. In Etisalat-Geschäften und in Supermärkten erhält man eine Prepaid-Simkarte für 75 Dh mit 25 Dh Gesprächsguthaben; Reisepass erforderlich.

TRINKGELD

In Restaurants werden 10 % Trinkgeld nur erwartet, wenn der *service charge* nicht schon auf der Rechnung steht; das ist jedoch nur selten der Fall. Gepäckträger erhalten 5 Dh pro Stück, im Taxi rundet man etwas auf. Zimmermädchen bekommen 5 Dh/Tag.

GRÜN & FAIR REISEN

Du willst beim Reisen deine CO_2-Bilanz im Hinterkopf behalten? Dann kannst du deine Emissionen kompensieren *(atmosfair. de; myclimate.org)*, deine Route umweltgerecht planen *(routerank. com)* oder auf Natur und Kultur *(gate-tourismus.de)* achten. Mehr über ökologischen Tourismus erfährst du hier: *oete.de* (europaweit); *germanwatch.org* (weltweit).

VERANSTALTUNGSHINWEISE

„TimeOut Dubai" *(wöchentlich, 7 Dh, timeoutdubai.com),* „TimeOut Abu Dhabi" *(wöchentlich, 7 Dh, timeout abudhabi.com)* sowie für beide Städte die Informationsbroschüre „What's On" *(monatl., 10 Dh).*

NOTFÄLLE

DIPLOMATISCHE VERTRETUNGEN

– Deutsche Botschaft: *Abu Dhabi Mall, Towers at the Trade Centre | West Tower, 14th Floor | Abu Dhabi | Tel. 02 5 96 77 00 | abu-dhabi.diplo.de*

– Deutsches Generalkonsulat: *Street 14A | Jumeirah 1 | Dubai | Tel. 04 3 49 88 88 | dubai.diplo.de*

– Österreichische Botschaft: *Sky Tower, Office No. 504 | Al Reem Island | Abu Dhabi | Tel. 02 6 94 49 99 | bmeia. gv.at/botschaft/abu-dhabi*

– Schweizer Botschaft: *Centro Capital Center Building, 17th Floor | Kaleej Al Arabi Street | Abu Dhabi | Tel. 02 6 27 46 36 | eda.admin.ch/abudhabi*

GESUNDHEIT

Impfungen sind nicht vorgeschrieben, gegen Tetanus, Polio und Hepatitis-A jedoch anzuraten. Trau dich ruhig: Auch außerhalb der Hotels kannst du überall in den VAE problemlos essen gehen, selbst bei einfachen indischen und arabischen Lokalen brauchst du keine Bedenken haben. Die medizinische Versorgung in den VAE ist hervorragend und die Ärzte, gewöhnlich Ausländer, sprechen allesamt Englisch. Die Notfallversorgung ist in den

40 staatlichen Krankenhäusern und Ambulanzen kostenlos.

NOTRUF
Polizei: Tel. 999, Feuerwehr: Tel. 997, Ambulanz und Notarzt: Tel. 998

WICHTIGE HINWEISE

WÜSTENTOUREN
Die mitunter auch durch Sand- und Geröllwüsten führenden Autobahnen sollte man nicht verlassen. Lust auf ein Abenteuer in den Sanddünen? Dann buchst du eine Tour bei einer der vielen lokalen *travel agencies*.

VERHALTENSHINWEISE
Nach den geltenden Bestimmungen ist es im Emirat Sharjah nicht erlaubt, in Strandbekleidung (d. h. etwa im Bikini-Oberteil oder mit Badeanzug und Rock) oder anderweitig „anstößig" in der Stadt unterwegs zu sein; es drohen Geldstrafen und im schlimmsten Fall sogar Arrest. Der droht auch demjenigen, der alkoholisiert auffällt.

ZOLL
200 Zigaretten (Abu Dhabi 400) oder 100 Zigarillos oder 50 Zigarren oder 250 g Tabak und 2 l Spirituosen und 2 l Wein darf man mitbringen. Nach Sharjah ist die Einfuhr von Alkohol verboten. Bei Rückkehr in die EU: 200 Zigaretten, 1 l Spirituosen, andere Waren bis 430 Euro. *zoll.de*

WETTER IN DUBAI

- 🟧 Hauptsaison
- 🟥 Nebensaison

	JAN.	FEB.	MÄRZ	APRIL	MAI	JUNI	JULI	AUG.	SEPT.	OKT.	NOV.	DEZ.
Tagestemperaturen	20°	21°	24°	28°	33°	35°	37°	38°	36°	32°	27°	22°
Nachttemperaturen	14°	15°	17°	21°	26°	28°	29°	30°	27°	24°	21°	16°
☀️	8	8	8	10	12	12	10	10	10	10	9	8
☔	1	2	1	2	0	0	0	0	0	0	1	1
〰️	19	18	23	27	27	27	29	32	27	27	25	24

☀️ Sonnenschein Stunden/Tag   ☔ Niederschlag Tage/Monat   〰️ Wassertemperatur in °C

SPICKZETTEL
ENGLISCH

Wo finde ich einen Internetzugang/WLAN?	Where can I find internet access/Wifi?	wär känn ai faind 'internet 'äkzäss/waifai?
Ich möchte … Euro wechseln.	I'd like to change … euro.	aid laik tu tschäindsch … iuhro
Ich möchte ein Auto/ein Fahrrad mieten.	I would like to rent a car/a bicycle.	ai wud laik tə ränt ə kahr/ə 'baisikl.
Darf ich fotografieren?	May I take a picture?	mäi ai täik ə 'piktscha?
Fahrplan/Fahrschein	schedule/ticket	'skädjuhl/'tikət
Fieber/Schmerzen	fever/pain	fihvə/peyn
Apotheke/Drogerie	pharmacy/chemist	'farməssi/kemist
kaputt/funktioniert nicht	broken/doesn't work	'brəukən/'dasənd wörk
Panne/Werkstatt	breakdown/garage	'bräikdaun/'gärasch
Hilfe!/Achtung!/ Vorsicht!	Help!/Attention!/Caution!	hälp/ə'tänschən/'koschən

ESSEN & TRINKEN

Die Speisekarte, bitte.	The menu, please.	Də 'mänjuh plihs
Messer/Gabel/Löffel	knife/fork/spoon	naif/fohrk/spuhn
Salz/Pfeffer/Zucker	salt/pepper/sugar	sohlt/'päppə/'schuggə
Essig/Öl	vinegar/oil	'viniga/oil
mit/ohne Eis/ Kohlensäure	with/without ice/gas	wiD/wiD'aut ais/gäs
Vegetarier(in)/Allergie	vegetarian/allergy	wätschə'täriən/ 'ällədschi
Rechnung/Quittung	bill/receipt	bill/ri'ssiht
Ich möchte zahlen, bitte.	May I have the bill, please?	mäi ai häw De bill plihs
bar/Kreditkarte	cash/credit card	käsch/krädit kahrd

ARABISCH SPRECHEN

Ja./Nein.	na'am/la oder: kalla	نعم/لا، كلا
Bitte./Danke.	min fadlak/schukran	من فضلك/شكرا
Entschuldigung!	'afwan	عفوا
Guten Tag!/Guten Abend!	sabba l-chair/masa l-chair	صباح الخير/مساء الخير
Auf Wiedersehen!	ma'a s-salama	مع السلامه
Ich heiße ...	ismi ...	اسمي
Ich komme aus ...	ana min ...	انا من
... Deutschland.	... almania	المانيا
... Österreich./Schweiz.	... al nimsa/swizera	النمسا/سويسرا
Ich verstehe Sie nicht.	ana la afhamuka [ki]	انا لا افهمك
Wie viel kostet es?	kam jukallif dhalika	كم يكلّف ذلك
Bitte, wo ist...?	'afwan aina ...	عفوا اين

1 wahid (واحد) ۱	5 chamsa (خمسة) ٥	9 tis'a (تسعة) ٩
2 itnan (أثنان) ۲	6 sitta (ستّة) ٦	10 'aschra (عشرة) ١٠
3 talata (ثلاثة) ۳	7 sab'a (سبعة) ٧	20 'ischrun (عشرون) ٢٠
4 arba'a (اربعة) ٤	8 tamanija (ثمانية) ٨	100 mia (مئة) ١٠٠

URLAUBS FEELING

ZUM EINSTIMMEN & AUSKLINGEN

LESESTOFF & FILMFUTTER

📖 DIE BRUNNEN DER WÜSTE

Spannender Bericht des Arabienforschers Wilfred Thesiger über seine Durchquerung der Rub al-Khali, des „Leeren Viertels", in den Jahren 1947 bis 1950.

🎥 SYRIANA

in dem Polit-Thriller (2005, Regie: Stephen Gagan) mit George Clooney und Matt Damon geht es um Erdöl. Dubai und die Emirate mit ihrer einzigartigen Wüstenlandschaft liefern dazu den Hintergrund.

📖 VERLOREN IN DUBAI – CITY OF MONEY: DER ERSTE FALL FÜR HEKATE SCHMIDT

So heißt der 2017 erschienene Dubai-Krimi von Gaby Barton, der in den verschiedenen Milieus der Megacity spielt. Äußerst spannend!

🎥 BLACK GOLD

Ab den 1930er-Jahren streiten sich in der Wüste Arabiens zwei Sultane (Antonio Banderas und Mark Strong) um Schwarzes Gold, also Erdöl (2011, Regie: Jean-Jacques Annaud).

PLAYLIST QUERBEET

⟳ ⏮ ⏸ ⏭ 🔊   0:58

━━━━━━●━━━━━━━━━━━━━━━━━━

▐▐ **HUSSAIN AL JASSMI – BASSBOR AL FOURGAKOM**
Auf den Ohrwurm des Sängers aus Sharjah stehen nicht nur die Emiratis.

▶ **MEHAD HAMAD – BARGEN LAAH**
Er ist der erfolgreichste Sänger des Emirats Sharjah. Kult für alle, die auf Tradition und Romantik stehen.

▶ **EIDA AL MENHALI – MOTASOA**
Hitsingle des Popsängers aus Abu Dhabi

▶ **CHRISTOPHER TIN – BABA YETU**
Weltmusik, die bei den Dubai Fountains läuft

▶ **ARASH FEAT. HELENA – ONE NIGHT IN DUBAI**
Geniale Verbindung aus Electro und orientalischem Feeling

Den Soundtrack zum Urlaub gibt's auf **Spotify** unter **MARCO POLO UAE**

Oder Code mit Spotify-App scannen

AB INS NETZ

THETEZZYFILES.COM
Die besten Fine-Dining-Restaurants, coole Teestuben und die jüngsten Fashion Trends. Ein Lifestyle-Blog mit tollen Foodie-Geheimtipps und vielem, was das Leben in den VAE noch glanzvoller macht.

NAMSHI
Wo gibt's indische Pluderhosen oder Kaftans im Blockprint Design? Namshi kennt hier jede Frau, denn: Namshi ist „der" Modeversand in den VAE.

DUBAI TRAVEL GUIDE OFFLINE
Der Stadtführer bietet Stadtpläne, Ausflugsziele und Co. fürs I-Phone.

VISIT ABU DHABI
Die App der Tourismusbehörde ist auch auch auf Deutsch und im Offline-Modus anwendbar.

RTA DUBAI APP
Die App des Dubai Governments liefert u. a. Infos über Fahrpläne und Stationen von Metro, Bus und Waterbus; auch Taxibuchungsservice.

TRAVEL PURSUIT
DAS MARCO POLO URLAUBSQUIZ

Weißt du, wie die Vereinigten Arabischen Emirate ticken? Teste hier dein Wissen über die kleinen Geheimnisse und Eigenheiten von Land und Leuten. Die Lösungen findest du in der Fußzeile. Und ganz ausführlich auf den S. 20–25.

❶ Was ist *dishdasha?*
a) das Nationalgericht der Emiratis
b) ein Waschpulver
c) das bodenlange, weiße Hemd der einheimischen Männer

❷ Wer ist für das Glücksgefühl der Einwohner Dubais zuständig?
a) natürlich das Glücksministerium
b) der Genuss einer mit Marzipan gefüllten Dattel
c) die vielen Yoga- und Meditationsstudios

❸ Was ist ein Mocktail?
a) eine seltene, nur in den Emiraten lebende Affenart
b) das Nationalgericht in Sharjah
c) ein alkoholfreier Cocktail

❹ Was hat ein eigenes Schwimmbad, liebt Bewegung und verdient im Jahr bis zu 10 Mio. US-$?
a) die schnellsten Rennpferde
b) der erfolgreichste Ferrari-Händler in Dubai
c) der Chef der Schönheitsklinik in Abu Dhabi

❺ Warum haben Kamele selbst nach einem Rennen nie Durst?
a) weil sie nur traben
b) weil die Flüssigkeit bereits in ihren Höckern gespeichert ist
c) weil sie während des Rennens mit Wasser besprizt werden

Wie heißt das weiße Hemd der einheimischen Männer noch mal?

❻ Wer oder was muss im Flugzeug eine Haube tragen?
a) die Flugbegleiter
b) der während des Flugs gereichte Tee, damit er nicht kalt wird oder überschwappt
c) die Falken einiger Passagiere, die First Class fliegen

❼ Was gehört zum klassischen Willkommensgruß in den Emiraten?
a) eine Verneigung mit vor der Brust zusammengefalteten Händen
b) Tee und Datteln
c) ein starker Espresso

❽ Welche Pläne verfolgen immer mehr junge einheimische Frauen?
a) heiraten und viele Kinder bekommen
b) möglichst einen reichen Mann heiraten
c) studieren und einen tollen Job bekommen

❾ Was ist hubbly-bubbly?
a) eine Wasserpfeife
b) ein arabischer Whirlpool
c) der letzte Tattoo-Schrei in den Emiraten

❿ Wer oder was zeigt dem Betenden die Richtung an, in der Mekka liegt?
a) der Kompass im Teppich
b) der Vorbeter
c) das eigene Studium der Himmelsrichtungen

REGISTER

LOB ODER KRITIK? WIR FREUEN UNS AUF DEINE NACHRICHT!

Trotz gründlicher Recherche schleichen sich manchmal Fehler ein. Wir hoffen, du hast Verständnis, dass der Verlag dafür keine Haftung übernehmen kann.

MARCO POLO Redaktion • MAIRDUMONT • Postfach 31 51 73751 Ostfildern • info@marcopolo.de

Impressum

Titelbild: Sheikh Zayed Moschee in Abu Dhabi (AWL Images/S. Politi Markovina)
Fotos: G. Amberg (Klappe hinten); R. Freyer (56, 77, 86/87); R. M. Gill (29, 58); R. Hackenberg (121); huber-images: M. Borchi (12), J. Huber (104/105, 109), S. Kremer (16/17, 40/41, 65), B. Morandi (67), M. Rellini (11, 128/129), Schmid (8/9, 82, 138/139), R. Schmid (21, 54, 70), G. Simeone (33), H. Strondl (32/33); M. Kirchgessner (25, 28/29); Laif: Krause (30), M. Sasse (91, 112); Laif/hemis.fr.: B. Gardel (10); Laif/REA/Financial Times: Bibby (45); Look/age fotostock (53); mauritius images / Hemis.fr: F. Guiziou (49); mauritius images/age fotostock: G. Piccinetti (26/27); mauritius images/Alamy (13, 14/15); mauritius images/Alamy Alamy Stock Photos: A. Bandurenko (60/61), O. Mousa (118), A. Nekrasov (131), M. Slusarczyk (72/73, 80); mauritius images/Alamy Alamy Stock Photos.: J. Kingma (99), A. Tomic (94/95); mauritius images/Alamy Alamy Stock Photos/ Jayskyland Images (68); mauritius images/Alamy Alamy Stock Photos/Photonell (111, L. Andronov (124); mauritius images/Alamy Alamy Stock Photos/Realy Easy Star: T. Valente (51); mauritius images/Alamy Alamy Stock Photos/Wirestock, Inc. (84); mauritius images/Alamy Alamy Stock Photos/Zuma Press, Inc/SOPA: M. Hook (100); mauritius images/Alamy: I. Masterton (22), L. Mortula (46); mauritius images/Alamy/Alamy Stock Photos: K. Aun (37), S. Moda (Klappe vorne außen, Klappe vorne innen, 1); mauritius images/Alamy/Alamy Stock Photos/Hoberman Publishing (2/3); mauritius images/Hemis.fr: R. Mattes (6/7); mauritius images/imagebroker: N. Eisele-Hein (102); mauritius images/ Imagebroker: D. Kreher (114/115); mauritius images/imagebroker: Tack (126); mauritius images/Imagebroker: J. Tack (34/35), F. von Poser (140/141); mauritius-images/Alamy: I. Masterton (79); B. Müller-Wöbcke (143); D. Renckhoff (92)

6. Auflage 2023, komplett überarbeitet und neu gestaltet
© MAIRDUMONT GmbH & Co. KG, Ostfildern
Autoren: Birgit Müller-Wöbcke, Manfred Wöbcke
Redaktion: Leonie Neumann, Martin Silbermann
Bildredaktion: Gabriele Forst
Kartografie: © MAIRDUMONT, Ostfildern (S. 38–39, 116, 120, 123, 127, Umschlag außen, Faltkarten Nebenkarten); DuMont Reisekartografie, Fürstenfeldbruck © MAIRDUMONT, Ostfildern (Faltkarte); © MAIRDUMONT, Ostfildern, unter Verwendung von Kartendaten von OpenStreetMap, Lizenz CC-BY-SA 2.0 (S. 42–43, 62–63, 74–75, 88–89, 96–97, 106–107)
Als touristischer Verlag stellen wir bei den Karten nur den De-facto-Stand dar. Dieser kann von der völkerrechtlichen Lage abweichen und ist völlig wertungsfrei.
Gestaltung Cover, Umschlag und Faltkartencover: bilekjaeger_Kreativagentur
mit Zukunftswerkstatt, Stuttgart; Gestaltung Innenlayout:
Langenstein Communication GmbH, Ludwigsburg
Spickzettel: in Zusammenarbeit mit PONS GmbH, Stuttgart
Texte hintere Umschlagklappe: Lucia Rojas
Konzept Coverlines: Jutta Metzler, bessere-texte.de

Printed in Germany

MIX
Papier aus verantwortungsvollen Quellen
FSC® C155291

MARCO POLO AUTORIN
BIRGIT MÜLLER-WÖBCKE
Vor 25 Jahren kannte kaum einer ihrer Freunde das von ihr so oft besuchte Dubai, heute besitzt schon der Bäcker um die Ecke ein Apartment in der Megacity. Umso mehr freut sich die Reisejournalistin, wenn sie dann auf einem ihrer vielen Recherchetrips von Dubai in die anderen Emirate fährt. Um-Al Quawain? Das wird wohl noch eine Weile unbekannt bleiben.

BLOSS NICHT!

FETTNÄPFCHEN UND REINFÄLLE VERMEIDEN

FAMILIENURLAUB IM SOMMER

Während der Sommermonate wird es weit über 40 Grad heiß, und man verbrennt sich selbst auf dem Weg ins Wasser die Füße im Sand. Für Kinder ist dann ein Aufenthalt in den Emiraten eine Qual.

WÄHREND DES RAMADANS REISEN

Das öffentliche Leben ist während des jährlichen Fastenmonats stark eingeschränkt. Geschäfte und Restaurants öffnen erst nach Sonnenuntergang, die Hotellobby ist leer, Taxis nur schwer zu bekommen. Zu essen und zu trinken gibt es oft erst nach Einbruch der Dunkelheit – oder vom Zimmerservice.

IM RESTAURANT DEN TISCH SELBST SUCHEN

Vom Frühstück morgens im Hotel bis zum Dinner im kleinen indischen Restaurant irgendwo im Souk: Auf keinen Fall steuert man ungefragt auf einen Tisch zu und setzt sich. Die Angestellten sind diejenigen, die dir zeigen, wo du Platz nehmen kannst. Und natürlich kann man dabei Wünsche äußern.

VERSCHLEIERTE FRAUEN FOTOGRAFIEREN

Auch wenn das Bild noch so gut wäre, es niemand merkt, dass du auf den Auslöser drückst: lass es sein! Das erspart dir großen Ärger und den Zorn von Ehemännern und Brüdern.

MIT DEM/DER LIEBSTEN HÄNDCHEN HALTEN

Da sind die Locals wie die britische Oberschicht: Zuneigung in der Öffentlichkeit zeigt man höchstens zu seinen Haustieren, in diesem Fall also zum Kamel und Falken.